U0129125

斑斕千聯

張　健著

精　緻　小　品

文史哲出版社印行

國家圖書館出版品預行編目資料

斑斕千聯 / 張健著. -- 初版. -- 臺北市：文
　史哲，民 93
　　面：　公分. -- (精緻小品；3)
　　ISBN 957-549-557-8 (平裝)

　1.楹聯、壽文等

856.6　　　　　　　　　　　　　93007681

精　緻　小　品　　③

斑　斕　千　聯

著　　　者：張　　　　　　　　健
出　版　者：文　史　哲　出　版　社
　　　　　http://www.lapen.com.tw
登記證字號：行政院新聞局版臺業字五三三七號
發　行　人：彭　　　正　　　雄
發　行　所：文　史　哲　出　版　社
印　刷　者：文　史　哲　出　版　社
　　　臺北市羅斯福路一段七十二巷四號
　　　郵政劃撥帳號：一六一八○一七五
　　　電話886-2-23511028 · 傳真886-2-23965656
實價新臺幣一四○元
中華民國九十三年 (2004) 五月初版

自　序

　　繼《繽紛千謎》之後，今年春天我又完成了另一嶄新的嘗試，就是這本「千聯」。二者可說是姊妹作。

　　老實說，寫對聯比起作謎語，學問更大，淵源更深，難度更高，試想中國文學史上，詩詞歌賦和駢文，那一樣少得了對聯？民間風俗、婚喪喜慶過年節，也都用得著他老人家——不，他有時硬是少男美女。

　　我開始寫對聯，大概是在大學時代：教詩選的巴壺天老師、教應用文的王偉俠教授，都可算我的啟蒙師；不過最大的老師，還是兩三千年來無數雅士詩家，是他們的作品滋潤了我，啟迪了我。

　　我這本聯語集，始於八十六年九月二十三日凌晨，迄於今年三月一日，一共寫了六年半，不過其中近作佔了十分之八。

　　我的聯語有以下十個特色：

　　一、不盡拘守格律：尤其平仄，我當然完全能夠掌握，但不願以律害意，猶如蘇辛等前賢；對仗方面，十九合轍，偶有出入，微乎其微，而且往往可以另作讀解。

二、力求活潑自然，少用典故，多運作情思。

三、嘗試口語化：如「這個成語到底什麼意思嘛」「此中道理總算完全明白了」，白到不能再白；不過也有不少典雅古樸，不讓前修的。

四、生活化：把日常生活的點點滴滴寫入聯語。

五、多人物寫照：包括古人、今賢、老師、作家、畫家、長輩、家人、朋友、學生、名流、明星、美女、小朋友，甚至不肖之士等，無所不至，無所不容。往往一針見血，片言成傳。

六、多寫世情風物：包括時代現象、地理景點、政治、社會、民俗、新事物等。

七、不少諷世之作：如「董事常常不懂事」「學者每每無學術」等等。

八、富有幽默感。

九、有時展示人生哲理。

十、有時運用嵌字格，把吟詠對象的名字嵌入聯語中，如「不羨公侯伯子男創造即尊貴／未說忠孝仁義愛藝術是聖賢」（侯孝賢）即一例。

讀者諸君，盍興乎來！

　　　　　　張　健 於華岡中研所 甲申九三春

斑　斕　千　聯

目　　錄

斑 斕 千 聯

1. **時代**
   風風雨雨雷霆時聞
   日日月月星辰屢見

2. **天地**
   天堂地獄本無二致　不用介意
   上帝撒旦原是一家　何必掛懷

3. **姚一葦先生**
   淒淒紅鼻子歷千年而不朽
   藹藹玉觀音縱一葦之所如

4. **天才**
   太白揮灑　何必酒醉
   仲連談笑　豈止口德

5. **凡人**
   吃喝玩樂忙閒睡
   柴米油鹽醬醋茶

6. **沈剛伯**
   沈厚的學殖　欲追無駟
   剛強的頭髮　不怒衝冠

7. **水滸傳**
   一○八好漢　打遍江湖
   六百年歲月　震撼人心

8.　　**史次耘先生**

次第耕耘夫子博通經史
襟期坦蕩老成樹立典型

9.　　**某前輩**

勤勤孜孜如古代之學者
坦坦蕩蕩乃今人的典型

10.　　**臺靜農師**

之一

燈火樓台　不見下來
鴻文雅度　渾難再得

之二

一杯醇酒　一幅竹石
百年清福　百丈丘壑

11.　　**自述**

經史子集畢竟缺一樣
詩文論說自詡稱十全

注：說，小說也。

12.　　**陳舜政**

從中學同窗一直到研究所
由外文上路終乃成平劇家

13.　　**黃德時先生**

素心為人海外獲知己
恣意治學水滸有傳人

注：黃先生曾用日文譯述水滸傳

14.　　**李登輝**

登基之年萬民矚目望大治
輝環已褪一人任心背天恩

15.　　**連戰**

連連升遷福兮禍所伏
戰戰戒慎歸歟心無憾

16. **蔣經國**
　　之一
　經國緯民　夫復何言
　行仁踐義　歿亦無憾
　　之二
　先在俄國受煎熬　視父若神
　終於寶島展長才　愛民如子

17. **司馬中原**
　司鬼台北　陰風入地
　立馬中原　豪氣干雲

18. **常夢**
　到處找教室　總是尋不到
　時常遇佳人　每覺情未了

19. **張亨**
　篤學深思　張載有傳人
　敦品勵志　亨嘉是師兄

20. **金嘉錫**
　吾嘗暗慕　古昔莊子
　天所嘉錫　今世真人

21. **王叔岷師**
　義理詞章訓詁都堪稱大雅
　學問道德性情不愧為人師

22. **高鐵**
　幾家財團正競逐　老百姓心中忐忑
　一個政府在主導　大人物袖裏乾坤

23. **林文月**
　林中月光格外鮮麗
　塔內文章依然婉約

24.　**網咖**

　　到底玩網路或喝咖啡
　　忘記在白晝還是深夜

25.　**某夜**

　　普天同慶今夕何夕
　　日月不明似星非星

26.　**繆天華師**

　　楚辭專家魯迅知音小品高手
　　課堂受教戲院邂逅西湖同遊

27.　**廖蔚卿師**

　　當年文心雕龍益我心智
　　千古世說新語寫您風姿

28.　**裴普賢師**

　　普天同惠恍如菩薩
　　賢哲共賞不愧學人

　　　　又

　　賢人兼碩學普世同敬
　　師母亦同仁我心獨慕

29.　**方瑜**

　　方外之人方內嬉
　　瑜玉如詩瑜亮才

30.　**吳敬恆**

　　大氣魄一往浩浩
　　素心人豈懼洄洄

31.　**沈冬**

　　沈三白的佳侶在台北
　　冬十月之春陽入管絃

32.　　**蕭萬長**
　　萬年長壽　請由今始
　　百事大治　當享永恆

33.　　**吳伯雄**
　　吳越之間難為雄
　　進退有度必成精

34.　　**李元簇**
　　元氣淋漓是強者
　　群生簇擁一學人

35.　　**余光中**
　　　　之一
　　在詩壇上光芒百丈
　　於學苑中莊嚴一人
　　　　之二
　　左手寫文右手寫詩
　　一心治學兩心治事

36.　　**羅門**
　　奉獻藝術那怕門可羅雀
　　創造詩篇無乃心中有神

37.　　**向明**
　　迎向光明不斷追尋詩藝
　　彷彿董平無懼挑戰逆流

38.　　**洛夫**
　　洛陽才子眼中無俗物
　　長沙丈夫詩篇有奇思

39.　　**瘂弦**
　　巴黎倫敦印度　處處入神
　　上校小丑乞丐　個個感人

40.　**周夢蝶**
　　　之一
　　莊周夢蝶等閒事
　　顏回安貧難得情
　　　之二
　　喻蝶非蝶　喻蟻非蟻
　　説友是友　説仙是仙

41.　**唐劍霞**（商略）
　　劍在鞘中悄悄商略詩句
　　霞聚天際靄靄照臨人寰

42.　**張默**
　　默默耕耘無愧老編
　　款款歆張創造詩篇

43.　**敻虹**
　　遼乎敻乎　虹霓在上
　　深也麗也　詩歌入懷

44.　**電腦**
　　常常説自己比人心還靈敏
　　每每給大家很意外的驚喜

45.　**梅新**
　　臘梅開花每出好點子
　　春蠶吐絲時益新詩章

46.　**非馬**
　　白馬非馬公孫龍子復現
　　伊詩乃詩司馬相如領首

47.　**張錯**
　　翱翱翔翔太平洋兩岸
　　錯錯落落美麗島一員

48.　**王潤華**
由南洋來歸返南洋
到美西去潤澤美西

49.　**蓉子**
溶化幾顆星子入詩句
裁成三五青年為義子

50.　**夏濟安**
文學猶待哺‧你竟乍去異域
菁英均受益‧君曾勤耕杏壇
　　　　注：氏編《文學雜誌》，貢獻良多。

51.　**覃子豪**
燕雀為子豪‧曾經滄海
故鄉設專館‧居然綠蔭

52.　**紀弦**
　　　之一
紀念路易士青空律
效法馬拉美梵樂希
　　　之二
唐吉訶德不馳馬
舊金山灣未解弦

53.　**楊牧**
綠楊蔭中一牧童
黃帝族裏稱俊傑

54.　**黃用**
炎黃世界容不下你
慘綠年代用盡心思

55.　**紀舟**
一葉小舟已消失
數首新詩供記憶

56.　**方莘**
　　方方正正寫新詩
　　辛辛苦苦學電腦
　　　　　注：方莘赴美後棄詩搞電腦。

57.　**陳錦標**
　　從軍服役奪錦標
　　吟詩編集付餘生

58.　**薛柏谷**
　　松柏猶存汝先逝
　　谷風復起我微愁

59.　**黃荷生**
　　荷塘春色早消逝
　　黃花昨日偶餘芬

60.　**公寓**
　　上上下下　頗認識幾張面孔
　　左左右右　常聽說一些流言

61.　**商禽**（羅馬）
　　曾經在台北商量詩藝
　　或許去羅馬聆聽禽音

62.　**黃春明**
　　春天在宜蘭在屏東在寶島
　　神明助子才助漱石助從文

63.　**佳人**
　　天堂猶有佳人座
　　人間不留春袖香

64.　**劉秀嫚**
　　秀外慧中嫚姿無比
　　名歸實至懿德堪嘉

65.　　何莉莉

當年海上一茉莉人見人迷

今日港都坐寂寥何情何理

66.　　楊文華

新聞圈裏　咸稱才女

螢光幕上　宛然佳人

67.　　蔡湘菱

陳蔡之間多哲人

湘漢之涘一美娃

68.　　張馨今

當今之世捨汝其誰

秋來之時饗我餘馨

69.　　張瓊姿

日本經驗妳是全壘打

台灣舊遊誰為帳中人

70.　　汪萍

影后居然潘金蓮

女俠依稀金燕子

71.　　美華

朱顏為誰發？豈我？

美后有孰配？唯汝！

72.　　楊小萍

池中有妳藻荇生色

世間生卿眾男怡心

73.　　華眞眞

真真虜走了我的心

悠悠化生了妳的美

74.　丁曉慧
　　熱浪衝刷了破曉時分
　　風韻貯藏在俊男心中

75.　崔苔菁
　　台灣寶島諸女之菁
　　世界繁華群芳之首

76.　陳麗雲
　　地下夫人雲遊寰宇
　　天上淫娃紅透閭閻

77.　李嘉娜
　　妳輕輕起舞收拾了我的心肺
　　他痴痴等候破碎了天之雲霞

78.　戈偉如
　　我的沉迷在修長玉腿
　　妳的偉大如豐碩乳房

79.　林鳳英
　　妳是鳳凰我愛妳
　　吾乃英傑汝要吾

80.　喻可欣
　　只不過一個美麗的比喻
　　卻給予舉世生命之欣怡

81.　王靜瑩
　　淺淺的顰蹙有些悵惘
　　淡淡的沉思無比性感

82.　楊思敏
　　惹人相思夜夜難入寢
　　說我敏感天天賞風情

83.　　宋楚瑜

憨憨直直當少年　心雄四方
風風光光成領袖　威鎮八面

84.　　錢復

由大使到部首到議長
乃書生是君子是能臣

85.　　林宛臻

宛然湖心一睡蓮
臻至人間最美境

86.　　林美貞

妳的美麗不用渲染
伊之貞靜難以白描

87.　　林以眞

歌聲以情為遊戲
演技既真又詭譎

88.　　舒淇

躺在妳懷裏無比舒適
跑到淇水邊多麼逍遙

89.　　中學生涯

郊區看電影　書已讀罷
球場鬥牛陣　夢都沸騰

90.　　張仲文

兩座活火山　噴不完的火
一隻小辣椒　散不盡的辣

91.　　張美瑤

美如瓊瑤人無間言
張開懷抱我有餘情

92. **白冰**

潔白的肌膚瑩如冰雪
貞淑的情操美若天仙

93. **王艾黎**

貞節牌坊一度屬於妳
風騷體態永遠留給我

94. **苗可秀**

田園中的一株秀苗
藝苑裏的一朵鮮花

95. **徐楓**

徐徐開啓妳的美唇
悠悠染紅楓之葉脈

96. **林鳳嬌**

密林中有嬌娜鳳凰
人叢裏見秀逸龍種

97. **林青霞**

林子裏一片青翠
半空中滿盈紅霞

98. **柏安妮**

一株絲柏比不上妳的風姿
三朵玫瑰播入了汝之心田

99. **蕭芳芳**

風蕭蕭兮易水寒
小芳芳啊玉山高

100. **繆騫人**

妳的倩姿真個迷人
我的謬誤不可原宥

101. **井莉**
　　妳是井中的茉莉
　　我乃欄邊的青蛙

102. **鞏俐**
　　如何鞏固我的心防？
　　誰能壓倒妳之風華？

103. **陳沖**
　　陳年故事給妳演活了
　　沖喜典禮使我楞住啦
　　　　按：一夜夢中，她竟下嫁于我。

104. **劉曉慶**
　　曉光初醒萬民有慶
　　裙風始掀百目齊明

105. **林薈英**
　　薈萃菁英於林中
　　買弄風情在我前

106. **蓋美鳳**
　　鳳凰于飛在昨夜
　　美人入夢忘來生

107. **林慧婷**
　　廣播電視是學問
　　眉眼耳鼻乃風情

108. **曾郁鈴**
　　彷彿曾聞風鈴聲
　　居然嗅到郁李香

109. **沈乃慧**
　　由外交系到中文所　　張愛玲非怨女
　　從台北市往花蓮縣　　王昭君不彈琴

110.　陸小萍
　　蘇州美女小小萍
　　嘉善俊士大大喜

111.　劉華蘭
　　何等華麗的修蘭
　　這麼嫻雅的淑女

112.　林友棻
　　我的好朋友在山林裏
　　妳的美風姿如楊玉環

113.　唐美心
　　妳是一位美麗的女子
　　我愛一朵貞潔的蘭花

114.　吳逸寧
　　海產倩女似仙子
　　天生麗質贏后冠

115.　陳淑玲
　　陳年美酒白蘭地
　　淑世佳人黃玫瑰

116.　盧淑芳
　　淑女貞淫誰定論
　　芳心寂寞我深知

117.　盧倩萍
　　盧山面目誰能識
　　倩女幽魂我欲憐

118.　雪梨
　　梨花落盡教堂巍峨
　　雪景當前劇院嫵媚

119. **田維莉**
　　丹田之氣勝鬚眉
　　麗日之澤驚群嬌

120. **周海媚**
　　海景化為一佳麗
　　媚姿繚繞九重天

121. **陳曼玲**
　　厚厚實實的性感
　　痴痴憨憨的情韻

122. **鄭佩佩**
　　大俠女使我驚怕
　　小心肝逗我喜歡

123. **馬世莉**
　　一雙睡眼眩而眩
　　兩條玉腿長又長

124. **樂蒂**
　　福慧雙修命不永
　　秀逸長記韻無窮

125. **凌波**
　　凌波仙子感動我
　　祝家英台愛煞卿

126. **尤敏**
　　尤物是妳不求性感
　　敏慧如卿何等高貴

127. **尤雅**
　　尤物不必講三圍
　　雅韻永存念一人

128.　**江蕾**
　　江聲每令相思遠
　　蓓蕾開在知己心

129.　**江淑娜**
　　海邊一垂江南柳
　　淑女三顧羽林郎

130.　**林樹芬**
　　林中群樹何芬郁
　　心底相思乃明珠

131.　**林智莉**
　　林中有一株茉莉
　　額上綻一朵微愁

132.　**方文琳**
　　我欲歸去攜玉人
　　妳是春色染文章

133.　**王博玄·王依婷**
　　兩位鷗鷺同翔　每人一詩
　　三年師生有緣　每週一晤

134.　**楊林**
　　綠楊叢中一倩女
　　上林苑裏多獵人

135.　**伊能靜**
　　你們誰說伊能靜
　　吾人愛煞小嬌娃

136.　**裘海正**
　　海上仙山有嬌女
　　裘衣輕煖侍君子

137.　**涂善妮**
　　善哉天涯一飛燕
　　美啊人間之水仙

138.　**李枝名**
　　川端康成古都裏的人物
　　屠格涅夫初戀中的主角

139.　**劉瑞琪**
　　祥瑞自古屬佳女
　　安琪如今投君子

140.　**劉丹曦**
　　一片丹心屬在下
　　每日晨曦耀門庭

141.　**劉玉瑞**
　　風流不在眉與眼
　　痴心只想乳和臀

142.　**樓秀菁**
　　世間菁英多如鯽
　　樓上玉女秀若菊

143.　**朱海玲**
　　東海有瀛洲蓬萊
　　寶島產西施王嬙

144.　**朱宛宜**
　　宛然春色似無邊
　　宜人小鳥有意思

145.　**朱寶意**
　　寶貝娃娃懷中攬
　　愛意盈盈眼裏明

146.　徐淑媛

淑女徐徐生紫烟

名媛悠悠引藍天

147.　徐華鳳

鳳凰從來不從俗

華貴何必點成金

148.　張曼玉

曼姿一時說不盡

玉顏千古忘不了

149.　張艾嘉

才大不減鬚髮郎

姿秀曾是巾幗冠

150.　李天祿

天生我才必有用

世有福祿不在心

151.　王巧祿

巧笑倩兮曾迷我

福祿全矣誰如妳

152.　周立法

我要妳為我終生立法

妳叫我替妳全身搔癢

153.　張瑞眞

瑞氣干雲十分女

眞情動我九十年

154.　沈敬家

妳跟我相愛相敬

人說妳宜室宜家

155.　**素端**
素娥有怨降塵世
端莊無瑕惑眾生

156.　**洛神**
佩芬芳之蘭芷兮
凌滄海之浪濤焉

157.　**朱愛蘭**
愛蘭賞朱夢三秋
運球上籃乃一傑

158.　**阮虔芷**
美麗的蘭芷在螢幕
虔誠的心靈映晴窗

159.　**團體旅行**
千嘴百舌　　腰酸背僵
萬水千山　　眼花撩亂

160.　**楊英風**
曾為我設計封面　詩集添風采
今聞您仙遊天國　藝史留英名

161.　**黃梅芝**
將門之女　　性情溫馨
球場稱雄　　動作潑辣

162.　**無名氏** (卜乃夫)
卜晝卜夜終成名山事業
乃古乃今不愧壯夫精神

163.　**橘**
安安詳詳　　遠看像瓷瓶
甜甜酸酸　　細品如初戀

164.　**阮囊**
阮籍詠懷流傳萬里
李白古風囊括千年

165.　**楚戈**
楚有長戈揮舞千里
天列德星閃爍百藝

166.　**方思**
方方正正中國的里爾克
影影綽綽天堂的席夢思

167.　**辛鬱**
遍植森林辛苦執編務
邁行世途鬱沉做詩人

168.　**翁虹**
信天翁鳴聲驚大地
黃昏虹異彩炫人群

169.　**余培林**
如切如磋精研詩傳成碩學
余兄余友栽培桃李為深林

170.　**左豫文**
我曾面對猶豫徘徊
卿實兼有文采風情

171.　**田敏媛**
田園哀歌既敏且慧
南國名媛是艷又清

172.　**程發軔**
中華地學夫子堪稱新發軔
弟子培成老師啟迪大旅程

173.　**陳滿銘**
　　謙而不滿無愧座右之銘
　　篤而不陳堪稱母校一傑

174.　**何寄澎**
　　偶或寄世何必澎湃
　　悉心治學居然芊緜

175.　**溫雪梨**
　　湖畔水仙嬌媚無比
　　雪中哀梨滋味萬千

176.　**溫碧霞**
　　碧空晚霞溫馨何限
　　紅心柔情光輝萬坪

177.　**陳映眞**
　　將軍族多少悲情
　　龔自珍自是豪士

178.　**劉大任**
　　天降大任夫復何言
　　筆掃千軍我欲喝采

179.　**許常惠**
　　常年許諾樂壇一些事情
　　素心擁有人間多少恩惠

180.　**洪詠秋**
　　妳詠春江花月夜　　洪水從天花板滴落
　　卿乃秋日天邊雲　　微笑由眉宇間溢出

181.　**李瑞騰**
　　李白子弟努力就是祥瑞
　　杏花盟友騰躍頓成勝跡

182.　**沈謙**
　　壯志不甘沈淪於下游
　　豪情參悟謙虛是上計

183.　**汪中**
　　碩學長才生平不曾滯物
　　汪洋大海其中時或折騰

184.　**紀弦**
　　晚輩老友心中時復紀念
　　詩壇祭酒弦上每留餘音

185.　**魏紀久**
　　燕趙魏韓齊楚六國地
　　春夏秋冬紀久一佳人
　　　　　注：紀，一紀十二年。久，永恆。

186.　**羊令野**
　　牛羊在原野令我神醉
　　詩歌留世間使人心折

187.　**管管**（管運龍）
　　一管筆管盡天下閒事
　　兩條臂條貫藝壇諸活

188.　**高去帆**
　　安安靜靜　由現代到古典
　　迤迤邐邐　從台北去屏東

189.　**邱燮友**
　　調燮陰陽曾經掌舵母系
　　無愧師友今後化身春風

190.　**楊昌年**
　　嘆天下不得昌平今夕何夕
　　願來生重享長年友我益我

191. **婉容**

纏綿悱惻天堂侶
婉約嫻雅一昭容

192. **陳五福**

史偉哲在寶島發光
陳大夫為生民謀福

193. **李文謙**

之一

謙和底下暗藏驕傲
繪畫之外更寫文章

之二

四十年老友知我謔我
三萬里雲天思汝詠汝

194. **龔顯宗**

吾友吾弟用文學灌溉生命
人父人師以德行顯揚祖宗

195. **謝深山**

來自深山的一位工人
感謝人間的十萬溫情

196. **蕭輝楷**

漂泊香江光輝已成蕭瑟
痕留人間先生不愧楷模

197. **莊論**

上帝使無心者益壽
莊子為世間人齊物

198. **鍾楚紅**

眷村裏的小婦人　一飛沖天
洋場中的大尤物　百花遍野

199.　狄龍
英雄本色　三百回合未皺眉
君子風度　一度熱吻不濕唇

200　何欣
十分樸實何等欣德
美國小說西洋文學

201.　黃景進
敦厚性情可以退可以進
金黃風景宜於賞宜於藏

202.　羅宗濤
不是羅網不算波濤
或宗良師或為益友

203.　侯友宜
黑道於我亦敵亦友
職責是師盡義盡忠

204.　楚戈
文學藝術悉心經營卓有成就
天國地府任君遨遊不必徬徨

205.　宋楚瑜
宋有名醫范仲淹先天下憂
楚生忠良屈靈均為國家死

206.　白先勇
現代文學開風氣之先
台北小說得時代之助

207.　黃春明
鄉土有緣點燃光明世界
春色無邊不愧炎黃子孫

208.　**章孝嚴**
　　出口成章不愧政壇才子
　　斂心守孝儼然總統世家

209.　**劉兆玄**
　　為億兆人謀福不是玄想
　　做千百件好事請看明天
　　　　註：劉氏近升行政院副院長。

210.　**錢鍾書**（默存）
　　一輩子鍾情於書史
　　半世紀默存乎世間

211.　**羅門**（韓仁存）
　　韓信失意時　門可羅雀
　　仲尼得志日　心存仁義

212.　**夏菁**（盛志澄）
　　華夏菁英　志在澄清
　　盛世詩人　樂於吟哦

213.　**向明**（董平）
　　董理詩文　紀念昇平
　　向往光明　迎接未來

214.　**商略**（唐劍霞）
　　揮舞唐朝之劍　祥光逼人
　　商略黃昏之雨　霞彩滿天

215.　**阮囊**
　　阮籍苦醉六十日　囊中無物
　　劉琨晨舞一時辰　額上不汗

216.　**敻虹**（胡梅子）
　　梅子微酸　胡不坐而細品
　　彩虹遼敻　允宜臥以仰瞻

217.　**詹慶齡**
　　共慶美好的年齡
　　仰瞻無盡的星空

218.　**陳淑雲**
　　淑女在我夢境中出入
　　白雲由天西北角舒捲

219.　**郭寶慈**
　　有人暗中令我換心
　　嫦娥欣然為伊造影

220.　**洪順隆**
　　四十五年交情　共探生命真諦
　　三百萬字著述　神遊古今文學

221.　**蔡昀妮**
　　球場驕子　書房淑女
　　汶津情人　蕭史妻室

222.　**雲與花**
　　天邊一捲雲　隨風飄蕩
　　地上一朵花　迎月窈窕

223.　**畫・人**
　　心中一個人　若隱若現
　　眼前一幅畫　千山千水

224.　**名著**
　　蕭伯訥寫人與超人
　　法朗士贊島屬企鵝

225.　**天文**
　　文史哲在羅斯福路上
　　日月星位雲漢鵲橋間

226.　**地理**
　　百物俱陳　永和中和開新店
　　千車競馳　圓山松山通板橋

227.　**朱美華**
　　世新校友　女記者為之側目
　　湖南佳裔　何仙姑幫她背書

228.　**二二八事件**
　　多少本省人外省人含冤入土
　　幾位史學家文學家臨風嘆月

229.　**陳修武**
　　修文未修武　一時笑談
　　講理不講法　百里典型

230.　**彭正雄**
　　一滴滴汗淚　高中畢業　學徒出身
　　千萬萬文字　圖籍熟手　出版名家

231.　**田麗**
　　田野百合花盛放一時辰
　　麗人金露華表演三十載

232.　**郭靜純**
　　靜靜夕暉臨古城
　　姣姣春華燦新年

233.　**蕭薔**
　　風蕭蕭兮易水寒
　　花盈盈兮玉山香

234.　**曉芳**
　　拂曉時分　全神迎朝陽
　　郁芳郊次　滿心思佳人

235. 青山

青山綠水　瑞雪豐年

紅花翠葉　吉士淑女

236. 高惠萬

輕盈自然　舞台上的翠翠

嫻淑深湛　神話中的秀秀

注：惠萬爲藝專高材生；翠翠（沈從文小說中人物）爲喻；秀秀爲姚一葦《碾玉觀音》中的女主角，她曾飾演得十分成功。

237. 臺大

集八十年之精英　人人嚮往

育百萬人的大學　代代綿延

238. 師大

十六歲的保母　至今猶沾恩澤

三十畝之市地　自昔便放異彩

239. 文大

陽明山上一華岡　人才萬千

蓬萊島中稱福地　氣象億兆

240. 新亞研究所

小樓春風每遲來

碩學朝陽多先進

注：香港新亞研究所由錢賓四先生等肇建，大師如雲，但卻僻處九龍農圃街一隅之地。

241. 張夢機

詩中自有魏唐宋

酒裏或存日月星

242. 張愛玲

不畏流言　秧歌赤地戀

說盡傳奇　怨女半生緣

注：此聯括盡張愛玲六部重要著作，前聯說她對人生民族大地之愛，後聯寫照她的另一類小說，也反映她的身世——她和胡蘭成、賴雅，正好合成半生之緣。

243. **蔡敏貞**
端麗的容顏　嫵媚的眼神
敏銳的反應　流利的口才

244. **魏子雲**
八十七載血淚汗歲月　踽踽已老
三十一年金瓶梅研究　津津有味

245. **張嵐**
電機系系友偏選修莎士比亞
鋼琴社社草真信仰釋迦牟尼

246. **張遠**
忠孝仁愛信義和平
勤懇聰明風趣邋遢

247. **張雨**
Ａ型人老爸是Ｂ型焉能不肖
嬌俏女事功則勤謹果然出色

248. **白雨**
三天晴朗一天雨‧我欲無言
八分詩才兩分理‧神或偏愛

249. **父親**
八十年勞碌生涯　勤勤懇懇
七千里奔波歲月　沉沉默默

250. **母親**
幼為孤女長為賢妻　終為慈母
朝也聖靈午也耶穌　暮也上帝

251. **阿里山**
小火車蜿蜒腰際　人見人愛
大旭日拋躍頭頂　神睹神驚

252. **日月潭**

　　青山或遠近　風雲呈美景
　　碧波名日月　漣漪成浪濤

253. **碧潭**

　　一橋橫空　搖曳生姿
　　千人爭途　熱鬧成景

254. **陽明山**

　　一路走上去‧翠色澄鮮迎八面
　　萬人挹不盡‧紅花燦爛綴三春

255. **阮囊**

　　坦坦蕩蕩‧頂天立地是漢子
　　洋洋灑灑‧餐風宿露稱阮囊

256. **張仁青**

　　左傳史記駢體文本本精研
　　李白杜甫六朝詩字字推敲

257. **尤信雄**

　　詩選文學史　杏壇啓齒
　　校長系主任　成竹在胸

258. **張鏡湖**

　　異邦曾宣化　名譽豈止一隅
　　此校成風氣　影響或傳百世

259. **黃沛榮**

　　小學稱能手　甲骨鐘鼎一手把
　　易經是專家　卦辭文言百家研

260. **張漢良**

　　詩學貫中西　文學批評是專家
　　氣質超剛柔　怒髮衝冠見真性

261. **日人**
　　恭恭敬敬　九十度好鞠躬
　　勤勤儉儉　兩千年成文化

262. **韓人**
　　人蔘泡菜高麗棒
　　熱血剛氣阿里郎

263. **狄更斯**
　　塊肉餘生大衛庸　孤雛猶未淚盡
　　雙城飆風卡登痴　浪子何妨笑煞
　　　　注：四句分指氏之四大名著《塊肉餘生錄》、《孤雛淚》、《雙城記》、
　　　　　　《匹克威克遊記》。

264. **朱嘉雯**
　　朱淑真再世乎　文采風流
　　林徽因又臨也　儀容端麗

265. **書與友**
　　故書不厭百日讀　總有餘味
　　老友何求萬分濃　只要恆情

266. **胡茵夢**
　　茵夢湖的故事　我早存入記憶
　　胡茵夢的傳奇　誰也無法知悉

267. **梅格萊恩**
　　嘴角一絲絲情意　擴散為一座大海
　　心底一波波生機　洋溢成一個天地

268. **溫州街**
　　這街道是歷史文物
　　那盡頭有恩怨情仇

269. **應裕康**
　　曾經飛揚跋扈　讀書論經
　　如今溫和低調　洗腎養心

270.　**皮述民**

一篇潛意識　林海音稱知己

三千弟子群　孔仲尼是榜樣

271.　**嚴紀華**

長路漫漫　由歌詩轉小説

此心悠悠　從賢妻到良師

272.　**朱雅琪**

十年寒窗　兩度春風

一片童心　七分努力

273.　**許媛婷**

國色天香　心許朝暉夕霞

錦心繡口　神馳書林儒苑

274.　**王阿勉**

為了一篇碩士論文　三顧茅廬

做了半生文教學徒　五入黌宮

275.　**謝綉華**

謝謝老師的栽培　我會加倍努力

念念佳徒之才慧　余願終生沃心

276.　**朱介國**

四十三歲來進修　時常自詡老大

三十四週做學生　始終表現第一

277.　**卓姵吟**

六十八首新詩舊吟　雙手奉上

四十四年苦心孤詣　一次搞定

注：卓生為我多年來所教的最有才氣的學生，至今已為她修改
百餘首現代詩，日見進境。

278.　**郭玟君**

從來不遲到　分分秒秒都用心

逐漸乃知悉　嫻嫻靜靜是慧悟

279. 李國英

同學四十餘年　數語飄絮

沉冤五十二載　一旦昭雪

　　注：欣見國英為父母李玉堂將軍夫婦昭雪殺生沉冤。

280. 楊秀芳

小學聲韻　傳承丁氏學術

待人接物　展現儒生本色

281. 王俊彥

文質彬彬　書生本色

情理融融　事功能手

282. 陳美齡

風人氣質猶未覺曉

優美詩篇業已萌新

283. 邱燮友

雍雍穆穆　不愧儒者氣象

仔仔細細　堪作後生表率

284. 楊昌年

現代詩文兼小說　戈壁非荒漠

古典文獻又批評　昌年乃甘泉

285. 廖祿存

初疑乃廖化　福祿壽孰存

或許是姜維　忠智勇俱修

286. 吳淡如

淡淡的霧　淡淡的語言

盈盈文心　盈盈之美目

287. 吳姝嬙

吳宮藏西施　春雲秋雨

文大出姝嬙　潭心泉口

288.　**劉鳳嬌**

　　之一

當年課室裏巧笑倩倩

今日銀行中威風凜凜

　　之二

穿一襲黑套頭毛衣迷霧入我雙目

讀幾句淮陰侯列傳鶯聲盈余寸心

289.　**陸小萍**

蘇州美女盈史籍　小萍是明證

台人佳人滿校園　此姝獨秀出

290.　**林友棻**

植物苑中一牡丹　微笑若霧

杜鵑城裏獨高音　鶯聲如夢

291.　**章潔如**

將軍金門殉國日　此女猶幼嫩

佳人黌宮求學時　本師曾感應

　　　　注：潔如，金門大將章傑之女，將軍殉國於八二三炮戰時。

292.　**莊淑惠**

著作權協會小秘書　敬業親人

淡水專科校老校友　風姿怡神

293.　**許楨華**

商學會計一把抓　作文頂呱呱

秀目美髮幾人有　氣質最彬彬

294.　**張鈞莉**

司空詩品漱齒牙　文學院旁相思樹

現代小說潤四體　中文系界長春藤

295.　**高大鵬**

才學雙修　門下稱高足

情性一逬　苑內失上風

296.　**陳文婷**
　　小説課堂　時常風姿翩翩
　　上海論文　自然論述娓娓

297.　**劉千鳳**
　　千山萬山　聚於此身
　　飛龍騰鳳　斂為一秀

298.　**馮明倫**
　　才情潺潺　不愧巾幗秀俊
　　稚氣盈盈　難免世塵蒙昧

299.　**李枝名**
　　李清照的後裔　詩篇展才慧
　　王昭君的化身　琵琶訴衷情

300.　**郭鈞貽**
　　秀外慧中　翩翩若鶴鷺
　　思敏口捷　潺潺如溪澗

301.　**許曉芳**
　　習習曉風　許我醺醺欲醉
　　幽幽異芳　令余沉沉思睡

302.　**徐俠**
　　紅樓夢裏的人物　黛玉寶釵都是妳
　　揚州城中的春情　寶玉湘蓮咸失偶

303.　**徐珍娟**
　　一曲相思未了情　妳在何處
　　十年苦學已得意　我亦知音

304.　**吳雅慧**
　　巴黎昔曾學畫藝　秀色入骨
　　台北如今開書店　嬌氣盈目

305.　**世說新語**
　　德行言語政事文學　四門皆備
　　方正雅量尤悔仇隙　百情俱全

306.　**莊子**
　　十萬里大鵬逍遙遊
　　三千年人間齊物論

307.　**老子**
　　小國寡民　雞犬相聞
　　無為自然　人神均安

308.　**李芝安**
　　有一種文文靜靜的性感
　　播千里芬芬芳芳的訊息

309.　**張恆芝**
　　小口微張　妳是恒久的芝蘭
　　宏觀頻傳　我願永遠拜玫瑰

310.　**李憶湘**
　　讓我回憶到四十年前　一位湘女
　　看妳醞釀起千百方里　無限和氣

311.　**劉華蘭**
　　三十年後　依然念念不忘
　　五百載前　曾經依依相親

312.　**任幼枝**
　　三十歲那年　遇一幼枝嫩葉
　　五百秋以後　成雙天仙佳偶

313.　**高鴻譜**
　　甲骨鐘鼎篆隸　藹藹三代俱在
　　說文爾雅詩經　浩浩六經石匱

314. **陳玟惠・許如蘋**
中山大學清代會議　偶然相遇
小港機場鳳山女孩　畢竟有緣

315. **張起鈞**
哲學概論曾啓予　點點滴滴
老子四書欲迪世　浩浩瀚瀚

316. **陳婉容**
做學生時常坐第一排用心無比
任助教焉每充急先鋒體貼有加

317. **方怡人**
新生大樓文概課　妳是高材生
媒體主流聯合報　卿亦好身手

318. **張以仁**
南港史語所研探大半生
台大中文系教誨三十年

319. **黃慶萱**
易經六十四卦　溫溫吞吞老成人
修辭二十餘版　誠誠懇懇讀書郎

320. **韋敏**
莎士比亞不曾知　吾鄉江浙稱佳人
亞里斯德已前定　西方詩學親芳澤

321. **吳珮慈**
文學史裏嫦娥姿　三十年相思
電影界中班昭才　十六載苦學

322. **張大君**
開張大吉　新生命
傲鶴美姿　舊知音

323.　**王淑埄**
　　淑女每如琴瑟錚
　　浮生何羨雲霞雪

324.　**近事**
　　天國已近地府遠
　　總統不智總理痴

325.　**李文謙**
　　李白杜甫李龍眠　個個是典範
　　巴黎台北維也納　處處見美善

326.　**楊文華**
　　楊柳依依　文華滿天地
　　山泉淙淙　讜論出螢幕
　　　楊文華，前中視新聞主播

327.　**蔡芳定**
　　二十五年奮鬥不懈終成正果
　　十七八載聯繫未斷乃是奇緣

328.　**吳憶樺**
　　你不是一隻球　卻被拋來拋去
　　誰擁有兩個家　總給送此送彼

329.　**周慧婷**
　　天地間的風雨雷電　都令感激
　　生命中的喜怒哀樂　全化氣象

330.　**陳新雄**
　　文字聲韻訓詁籠罩前半生
　　蘇詩蘇詞蘇賦浸潤後卅年

331.　**羅蘋萊特**
　　分明是安姬狄金蓀　多一份夢幻
　　簡直配凱文寇斯特　贏幾分美麗
　　　注：羅蘋與凱文在「瓶中信」中演出精彩。

332.　**顧城**
　　詩與死何等遙遠　可是你死異域
　　刀和夢永不接近　然而你殺愛妻

333.　**許添明**
　　後文學出發　到教育博士
　　由少年開始　成花蓮碩彥

334.　**張大千**
　　曾經多方摹仿古畫家　以假亂真如神技
　　終於一心創造新意境　由故變新真大師

335.　**張馨今**
　　輕輕一顰　風雲為之變色
　　淡淡一囀　魚鳥因而動容

336.　**黃玉河**
　　畢業旅行時敘談甚歡　情同姊弟
　　同班同學裏智慧頗高　堪稱才女

337.　**左豫文**
　　四年同窗　常在公車上不期而遇
　　數十通信　每於心靈中存留印痕

338.　**李慶安**
　　風姿綽約　眼前因而亮麗
　　正氣凜然　心中為之清明

339.　**李敖**
　　玩世不恭　天地人都可戲弄
　　讀書無窒　古今後皆被網羅

340.　**陳文茜**
　　甩頭擺臀　自屬明星派頭
　　索隱扒橛　又是記者身手

341.　土熙元

規規矩矩勤治學問好做人
沉沉默默頻任主管乃致命

342　夏志清

治小說貫穿古典現代　人人讚佩
主文苑廣交老成後進　個個稱奇

343.　錢鍾書

一部談藝錄再加管錐編　學界俯首
一本隨筆集外配圍城記　文苑稱雄

344.　陳寅恪

古古今今幾十年滋潤南北學苑
詩詩史史數百卷振興華夏文化

345.　王國維

詩人學者博物家·萬人敬焉
名臣遺老殉道者·一死了之

346.　梁啓超

一桿如椽巨筆常帶情感
滿腔熱血之忱終罹憂患

347.　馬英九

二十年不腐化就是政界聖賢
兩千萬猶期盼將為未來元首

348.　王建煊

小鋼炮做財政部長　實施好些新改革
王委員選台北市長　禮讓一位真君子

349.　陳履安

翩翩君子　辭修公餘澤猶在
悠悠佛門　証嚴師典範可法

350.　愛情
　　三毛説那是一種熱病　一天天鬧不完
　　汶津云它乃幾道清溪　一步步涉過去

351.　心
　　柳樹梢頭幾隻蟬　知了知了
　　衣襟底下一顆心　卜通卜通

352.　學位考試
　　幾座山圍坐三邊　千言萬語
　　一個人局促一隅　三心兩意

353.　另一類口試
　　三三五五　閒言閒語
　　恍恍惚惚　胡天胡帝

354.　考試
　　書本關起來　腦袋也關門？
　　眼睛睜大些　文字都眨目！

355.　愛情騙子
　　甜言密語　咖啡裏放十塊方糖
　　心猿意馬　葫蘆中賣百種膏葯

356.　老千
　　嘻皮笑臉　一張牌是兩張牌
　　正襟危坐　千萬年變千萬元

357.　市儈
　　兩張三張臉　張張戴面具
　　千句百句話　句句是銅鈿

358.　吳有能
　　擁嬌妻得賢丈　做學問不寂寞
　　有教養解風趣　待賓客莫含糊

359. **徐可燩**
　七十歲猶存赤子之心　溫溫雅雅
　三千人皆執受業之禮　恭恭敬敬

360. **鄭騫**
　鄭康成再世　通經子諸史
　朱敦儒知己　遊詩詞傳奇

361. **中央日報**
　時移世異　大江東去
　情郁文淳　副刊屹立

362. **蘋果日報**
　每天賞你兩隻蘋果　總有一些甜頭
　半年害它三家報館　嘗受好多苦楚

363. **原住民**
　常常表演原民舞　一腔辛酸
　時時慶祝豐年祭　無比歡笑

364. **文心雕龍**
　劉彥和談言微中　雕龍成龍
　文學士按圖索驥　求仁得仁

365. **詩品**
　上中下分品　多少英雄豪傑
　詩文辭並比　無限風流情韻

366. **司空圖**
　人淡如菊　二十四品稱雄
　氣壯若山　七十二歲殉國

367. **韓愈**
　諫佛原道　儒家傳人
　南山琴音　詩苑奇士

368. **柳宗元**
幾番風雨貶到西南方
八篇遊記傳至千百世

369. **徐志摩**
張幼儀林徽因陸小曼了此殘生
別康橋閱京華訴衷情成斯風人

370. **陸小曼**
閱人多矣畢竟鎖住風流才子
吸烟甚哉終於注定遲暮佳人

371. **郁達夫**
徬徨於巫山雲雨中
殉難在南洋烽火後

372. **王映霞**
千挑百選　纏上南國詩人
三番兩次　墜入情場深淵

373. **籃球賽**
兩邊籃框籃網　蔚為景觀
十人奔來奔去　竟成劇戰

374. **排球賽**
不過方寸之地　彷彿山高海深
莫藐六呎之軀　其實能攻善守

375. **足球賽**
一腳踢過去　正命中紅心
幾人纏將來　誰欲舉白旗

376. **網球賽**
上上下下　七手八腳
奔奔停停　三心兩意

377. 羽毛球

迷迷濛濛　彷彿梅雨

飄飄盪盪　疑是杜鵑

378. 杜鵑城

二月來時　紅黃白紫

萬人走過　喜愁哀樂

注：台大素有雅號曰杜鵑城

379. 醉月湖

昨夜誰醉於此　唯月光知悉

今晨我走過它　覺心波微漾

380. 蔡元培

北京大學做校長　美育與人生

教育部會任首領　道德加正氣

381. 元宵

燈燈燈光芒閃耀　目暈眩

人人人元氣淋漓　心沉醉

382. 趙無極

光光鮮鮮　千點萬點色彩

靉靉靆靆　十年廿年心血

383. 國慶日

普天同慶　萬民皆醉

大地回春　一人獨醒

384. 屈原

楚王宮巍巍峨峨　我曾參機密

汨羅江滾滾滔滔　神將作見燈

385. 李湘如

花容月貌東海佳人　外文系高材生

柔情雅意少年球侶　四十載老筆友

386. **葉楓**
　　太陽月亮星星　一葉知秋亦知春
　　張揚凌雲南輝　此楓是狐也是仙

387. **季季**
　　春夏秋冬季季作妙文
　　喜怒哀悲人人愛莎岡

388. **偉人**
　　莎士比亞寫劇時　天天听命寡婦
　　愛因斯坦得意日　念念不忘上帝

389. **小說**
　　作品有喜怒愛悲　是假是真
　　讀者看人時事地　或感或泣

390. **于鶴君**
　　歲月如流水　一鶴獨鳴
　　容顏若春花　諸君鵠立

391. **黃起人**
　　我在附中唸書你任他班導師未能識荊
　　你去師大教學我做會議主席終得結交

392. **王仁鈞**
　　為編那本大學文選・曾到我家訪問
　　寫得一手柳體好字・遂與文苑結緣

393. **牟宗三**
　　胸懷宇宙　筆羅錦繡的是一代哲人
　　眼觀凡塵　口說常語也算小子師友

394. **茅盾**
　　子夜說盡了資本家情事
　　腐蝕成全為共產黨業績

395. **張大方**
巴黎大學博士·孔雀東南飛
暨南學府教長·甲骨中心存

396. **老舍**
駱駝祥子兩輪車夫千古揚名
貓城天賜四世同堂一時驚人

397. **冰心**
春水潺潺　斯人獨憔悴
繁星閃閃　此世已燃燈
　　　注：以上四句均含冰心著作名

398. **胡風**
受魯迅栽培　評論更勝詩歌
和周揚鬥爭　政治凌駕學術

399. **趙景深**
從世紀初開始　成長教學著述編輯
由論文集出發　小說散文戲曲翻譯

400. **陸侃如**
南人北住　七十年努力積十四書
夫唱婦隨　三十載詩學著八九簡
　　　注：陸氏與妻馮沅君合著《中國詩史》等。

401. **朱湘**
一代才人縱橫中西　詩歌炫新月
百年師表齟齬烽火　靈均投江心

402. **貓**
桑德堡吟妳成霧　好像輕盈一點
周作人說您像虎　可能嚴重了些

403. **電視辯論會**
兩人握手為禮　也許擁抱更好看
雙方磨刀備戰　只有選完才算數
　　　注：連、扁總統大選前辯論會，主持人說：「兩人擁抱會更好」。

404.　**楊新海**
　　一個好名字一名殺人狂
　　十里且徒步六七冤死鬼

　　　　　注：大陸殺人魔，日前已槍斃。

405.　**海豚**
　　三隻小可愛　誤闖談水河
　　一日流浪漢　忙煞消防員

406.　**監獄**
　　時而工作時而散步　總不免苦悶
　　有人打架有人互罵　偶然會越獄

407.　**主婦**
　　柴米油鹽醬醋茶　開門七件事
　　公婆姑舅夫妯娌　做人六種親

408.　**選舉日**
　　很多人排隊　神情木然
　　無數蝶飛舞　姿態美妙

409.　**電視**
　　千變萬化每天四十八小時
　　一清二楚全球三百六十度

410.　**電影**
　　一片銀幕　探索生命的奧秘
　　四週漆黑　進行人間之遊戲

411.　**謝冰瑩**
　　由女兵始　到教授終
　　閱五四景　寫三五情

412.　**生命**
　　三片五片磚瓦　片片管用
　　一縷兩縷炊煙　縷縷成形

413.　**吳惠珍**
已成副教授　為求學問　再入黌宮
終得文博士　苦撰論著　乃了宿願

414.　**劉惠華**
聊齋研究真成夢　孜孜矻矻
教育行政不是詩　兢兢業業

415.　**天堂**
千花百卉世間罕見　彷彿是海市蜃樓
美男俊女天下稀有　亦不過霓虹雲煙

416.　**地獄**
牛頭馬臉　判官小鬼　老友同受苦難
油鍋刀山　閻羅夜叉　惡人可要反省

417.　**鄰居**
有時點頭　有時寒暄　有時同坐電梯
或人吵鬧　或人謾罵　或人獨斃斗室

418.　**潛艇**
下沉下沉　會不會深陷泥沙
回來回來　忘沒忘清明世界

419.　**冰山**
海明威用來比喻小說技巧
麥哲倫向它挑動神聖戰鬥

420.　**野宴**
幾片麵包　幾塊炸雞　外加紅蘋果
三男聊天　二女歡笑　想念金露華
　　　　注：金露華一代尤物也，五十年代主演「野宴」，風靡一時。

421.　**塞車**
彷彿一串念珠　只是不肯念佛
巫盼千人安心　何必時刻掛懷

422. **礦泉水**

一瓶一瓶排隊　小店超商呈景觀
一口一口喝水　大陸寶島成習慣

423. **口香糖**

滿口芬芳　彷彿初吻之後
遍地骯髒　有如選舉方竣

424. **愛愁**

愛在黎明破曉時　請君珍惜
愁湧黃昏深黑夜　盼卿節制

　　　注：「愛在黎明破曉時」是今年影片名。

425. **葉慈**

寫實而感性　簡潔乾淨
現代又古典　清明悠遠

426. **麥迪遜之橋**

梅莉史翠普　懷念一個夢
克林伊斯威　依戀幾座橋

　　　注：The Bridges of Madison Country，好萊塢名片。

427. **世界公民**

奔走天涯　四海為家
研探地理　五洋成戀

428. **橋**

由此岸走至彼端　兩人輕鬆約會
從上古說到今天　雙星淒苦相思

429. **上司**

一張撲克面孔　偶發半句俏皮話
幾套漂亮西裝　總覺全身虛假味

430. **魂斷藍橋**

甚至那女孩　沒有人記得這座橋
或者那男子　大夥兒懷念一首歌

431. 世界
小得像一扇窗　窗中朝暮之景
大得如一個夢　夢裡宇宙之情

432. 張天翼
膺儒劣紳齊排隊　中流砥柱
方言官話並馳騁　大陸傳奇

433. 黛博拉蔻兒
金玉盟裏的溫柔　眾生寸心顛倒
好萊塢中之奇葩　一種東方神韻

434. 淡水
遠方有燈塔　映真小說昔萌芽
近處見碼頭　李昂姊妹猶卜居

435. 鐘錶
征服光陰是幻夢
傾聽嘀嗒乃真人

436. 黃文吉
誠誠懇懇研究文學批評
吉吉祥祥教導詩苑後進

437. 郝譽翔
當年課堂上　確是勤敏上進的學子
今日文壇中　堪稱才情激越之作家

438. 失眠
一隻兩隻三隻小羊　數都數不盡
十波百波千波回憶　理也理勿清

439. 愛樂電台
貝多芬莫札特舒伯特　曲曲使人出神
柳百珊王世強葉綠娜　夜夜引我入睡

440.　　**許慧純**
　　雙手頻頻顫抖　奮力作戰　力克強敵
　　一心兢兢上進　全神貫注　創造奇蹟
　　注：許為高中桌球女選手，力戰不懈，使樹德家商勇奪冠軍。

441.　　**李明亮**
　　做校長　主衛署　力抗莎絲建大功
　　拉提琴　說音樂　遊走藝苑稱奇人

442.　　**蔡英文**
　　學生頭　幼娃臉　如何擔當部長？
　　說政策　運籌碼　誰教輕視巾幗！

443.　　**絕句**
　　二十名神童　人人老成
　　廿八位少女　個個活潑

444.　　**張強**
　　當年由文學轉歷史　津津道新思
　　今日既嫁女又移民　悠悠慶餘生

445.　　**張泰**
　　從小倔強　卜者說有老闆命
　　長大艱辛　兄弟成為債權人

446.　　**張隆**
　　昔是主日學校母親的寶貝　性情溫和
　　今為電腦公司老闆之愛將　事業安穩

447.　　**俞人傑**
　　身世如謎　人生如夢
　　師大出航　台大出山

448.　　**秦厚丹**
　　曾經少女情懷　憨憨痴痴
　　終於鳳凰前程　悠悠忽忽

449.　張黎

少女時代曾見一面　隔雲阻霧　乃是親姊弟
中年以後算個人物　呼風振雷　闖蕩大天地

注：余之長姊，少小離家，事業有成，久居北京。

450.　周克聰

孩提時代　是僕是友是長兄
少年以後　成河成丘成幻夢

451.　李威熊

太白義山之外　詩學稱同志
康成濂溪之間　經子本一如

452.　許綉禎

昔曾考論文　一雙B型師生緣
今已成教授　無數賀卡春秋情

注：許為師大博士、師院教授，我曾任渠之博士論文口試委員，她
　　每年教師節、春節均致送賀卡。

453.　喻麗清

拜讀一篇大作　遂結三月藍箋緣
同看兩場電影　終成一段紫衣情

454.　陳平

文才如潮　人稱三毛　鼎鼎大名
相思若夢　我叫小平　盈盈深情

455.　區惠蓮

嫁給同學　住在娘家　不時約會
拜認導師　訴說衷情　經常請益

456.　金志淵

兩年課堂受教　來自彼邦
一部紅樓合作　展開未來

457.　劉廣定

五十年前課室中聽你背誦貓的天堂
半世紀後報刊上看君發表人間讜論

458. 惆悵

三百年後有一二佳人愛我風流
五千里內無幾個知音渡此汶津

459. 林怡翠

才如李朱　洋洋灑灑成此數卷詩
學比楊時　誠誠摯摯讚我全方位

460. 戴文和

唐詩宋詩之爭　說得有條不紊
碩士博士之辨　看來無關緊要

注：《唐詩宋詩之爭研究》（文史哲出版）是戴君的碩士論文，在我
這個行家看來，絕不遜於一部博士論文，曾不吝多方揄揚。作
者我至今猶未識面。

461. 齊物論

千言萬語　抵不上一棒一喝
千山萬水　彷彿是一草一花

462. 六人行

徐楓徐俠徐可燻　人人是菁英
方莘方瑜方遠堯　個個關情義

463. 捷運

上上下下　幾夥人擁過來
明明暗暗　一列車開著去

464. 年景

鞭炮一大串　聲聲入耳
新聞幾小撮　句句煩心

465. 火車巧遇

自強號上逢羅門　高談闊論
對號車裏遇頑童　七纏八弄

466. 淡水線上

一路上看街看樹看河水看女孩
滿心裏想東想西想夢境想人生

467.　漁人碼頭

舊金山有個招牌景點　充滿異國情調
淡水港也闢漁人碼頭　不愧寶島本色

468.　捷運豔遇

十一種化粧工具　一位美麗辣少女
三十分愉悅旅程　整個好色老詩人

469.　反思

我在婚姻中曾犯許多小錯　值得反省
你於因緣裏只闖一次大夢　就此收拾

470.　笑

搖搖搖　搖到外婆橋　妳的外婆住那裏
笑笑笑　笑得觀音痴　我的觀音就在此

471.　牧場

牛羊成群　牧放人已酣眠
青草遍野　觀光客且打滾

472.　幽芳

天堂裏有無數美女　我不看一眼
地面上綻一朵幽芳　俺不離一步

473.　北京

天壇故宮　遊不完的千古
地鐵高樓　說不清的時代

474.　風

東風西風南風北風　吹來吹去挹不盡
好人壞人賢人愚人　奔後奔前看不完

475.　河流

十年河東　十年河西　兩個政黨爭來爭去
一天關公　一天曹操　千萬百姓暈頭暈腦

476. 董事
董事常常不懂事　吵架爭權充人頭
學者每每無學術　說謊造謠做鬼事

477. 成語
獐頭鼠目　這個成語到底什麼意思嘛
狼心狗肺　此中道理總算完全明白了

478. 自傳
半個書生　半個詩家　也算儒林人物
前生Ａ型　後生Ｂ型　可謂仙界風雲

479. 許子漢
電機系榜首　茫茫失路　走入中文園圃
戲劇界新秀　娓娓動聽　奔向東華鱟宮

480. 楊松年
不像楊柳　新加坡來的本行學者
酷似松柏　嶺南族系之同胞兄弟

481. 鄭安婷
白衣天使改穿綠　綠兆新生
紅花原野不辭青　青是未來

482. 詩選
李杜王孟蘇黃陸楊　多少風流
漢魏晉唐宋元明清　幾許文彩

483. 杜麗雲
杜鵑的麗姿　高聳入雲霄
荊玲之美技　大將躍球場

484. 魏紀久
妳是光中的高足　我天天企慕
我乃詩苑之情聖　妳久久難忘

485. **陳志雲**

陳年白蘭地的芬芳　永遠洋溢
滿天舒伯特的嘹喨　恆久播揚

486. **屏風**

遮住蕪亂　遮住隱私　遮住巫山雲雨
涵容山水　涵容燭影　涵容瀛海風波

487. **杜牧**

揚州二十四橋　多少月色花影
赤壁五百餘年　幾許浪濤豪情

488. **徐渭**

天才每是瘋子　你可真瘋了
詩文本屬閒情　君何不閒哉

489. **龐統**

若無諸葛亮的盛名　你當如何
非關落鳳坡之凶兆　天不佑汝

490. **張飛**

長坂坡雷霆一吼　曹將應聲落馬
巴郡城祥雲偶飄　嚴顏降心輸誠

491. **關羽**

燈下不解甲　一部春秋明心跡
袍中未留財　五關朝暮見風骨

492. **瑪麗·安東尼**

一位端莊活潑的少女　命運帶她到巴黎城
千年糾葛複雜的歷史　上帝賞妳上斷頭台

注：即路易十六的皇后。

493. **麻雀**

早晨唧唧喳喳　給人們唱山歌
黃昏密密麻麻　為電線添風景

494. **烏鴉**
　　每天早早起床　惟恐人家好睡
　　終年呀呀發論　不愁警官查緝

495. **孔雀**
　　最美麗也最寂寞　總算習慣了攝影機
　　好龐大亦好空虛　何時改變掉貴族氣

496. **火雞**
　　復活節近了　耶穌康復我死罪
　　白天鵝來啦　公主雪白俺色雜

497. **公雞**
　　沖冠一怒為紅顏
　　昂首三鳴驚白頭

498. **螞蟻**
　　每天東奔西走　無非搬運東西
　　終生左支右絀　不敢得罪左右

499. **小雞**
　　整天吱吱作響　怕丟了母親
　　半生唯唯承應　看不見遠景

500. **禚博生**
　　二月十五日是晴天　正覺滿心歡愉
　　七〇六包廂唱新歌　不料一彈倒斃

501. **老師**
　　粉筆已無灰　也不必吃西北風
　　白板卻有痕　恨未早生三十年
　　　　注：現在學校裏多採用白板，現在教師生活改善了，但三十年前
　　　　　　尊師重道之風遠勝於今。

502. **七四七**
　　波音噴射機　馳入雲中不遲疑
　　土包鄉野客　坐在位上難安穩

503. 針灸
一針扎下去　酸甜苦辣全
眾人説得真　健康悦樂好

504. 快樂頌
原始時代的洪流　沖激我的心胸
太平世界之歌聲　盈溢我底雙耳

505. 阿G
阿Q是閉門羹　展示人性的卑微
阿G乃開心果　開發生命的潛力
注：美片「搖錢樹」中主角阿G，由艾迪墨菲飾演。

506. 孔子
文行忠信　説幾句話足夠矣
勤教敏學　行一輩子不懈也

507. 大體育館
要跑請進　要跳請進　要打球請進
想笑可來　想叫可來　想作秀可來

508. 天才
有時像瘋子　傻傻癲癲　卻又多幾分理性
未嘗非異類　奇奇怪怪　偏生造一些業績

509. 明星
天上那顆星最亮　就是在下
人間那個場最旺　趕快去上

510. 模特兒
走在伸展台上　彷彿來穿衣裳
坐在畫家室內　只想變成聖母

511. 畫家
紅黃藍紫綠赭白　色色入夢
喜怒哀懼愛惡欲　情情成畫

512.　雕刻家

從石頭裏　雕出東山獅子

由楠木中　浮起南海觀音

513.　乞丐

蓮花落唱不完　餓了且吃

獅子座看不清　要了就走

514.　舞女

地心吸力算不了什麼　想飛就飛

投懷送抱成不得節奏　要轉便轉

515.　李惠堂

李耳哲理　化為美技

惠能佛堂　變成球場

516.　英雄

不費一兵一卒　制伏千軍萬馬

只說三言兩語　流傳百世千秋

517.　侯孝賢

不羨公侯伯子男　創造即尊貴

未說忠孝仁義愛　藝術是聖賢

518.　王童

無言的山丘　無疑老成小王子

香蕉之天堂　的是童心藝術家

519.　佛徒

柴米油鹽醬醋茶　件件是法眼

心肝脾肺胃腸腎　處處乃道場

520.　洪文婷

孜孜矻矻　繼承父志成學者

文文靜靜　仰懷母儀是淑女

521.　**超人**

天國墜落下去　雙掌撐托

地獄飛騰起來　隻身投入

522.　**蕭靜怡**

胡震亨的知音　曾在政大校園商量

林徽因的後輩　願赴巫山頂上相會

523.　**廖美玉**

美玉天成　濁水溪南今易安

奇文人授　赤嵌樓畔古班昭

524.　**劉幸怡**

考妳一篇論文　來來去去

想卿幾番風雨　朝朝暮暮

525.　**張高評**

張九齡是你先人　文學批評見勝

高季迪乃汝前賢　宋詩研究稱雄

注：高評專工宋詩研究，一唐一明二古人烘托焉。

526.　**江建俊**

長江流過三峽　建造鉅大水壩

俊秀讀遍千卷　經營綿遠學術

527.　**張雙英**

張開雙臂　擁抱文學

發揚三唐　兼顧英美

528.　**季明華**

春季的明媚　性情文筆俱勝

夏日的光華　氣質談吐都美

529.　**蔡玲婉**

唐詩中的豪傑雅士　都在妳筆下

草原上的朝暉夕霞　全聚卿頰上

530.　馮玉婷
　　由台北到高雄　妳經常既從容又匆忙
　　從古典到現代　詩永遠是侶伴亦聖賢

531.　許小清
　　連周策縱都無諱　是小孩子脾氣
　　學李清照也不錯　做大詩人功夫
　　　注：小清由我指導碩士論文，周先生是她的博士導師。

532.　陳平原
　　在香港初度邂逅　曾共話小說風雲
　　到台北三次相會　聽你講上京霞霧
　　　注：上京，北京也。陳平原曾在台大作此題演講。

533.　洪淑苓
　　寫幾首現代詩歌　繼林泠夐虹開拓
　　做一些民俗研究　為關公織女服務

534.　王基倫
　　韓退之柳子厚　做盡仔細工夫
　　鄭康成陳寅恪　作為良好榜樣

535.　臺大中文系
　　三十篇國科會研究論文　此間年年稱雄
　　十餘對同譜系恩愛夫妻　外人個個叫絕

536.　成大中文系
　　從前上法庭下農藥　回首難堪
　　如今勤研究謹教學　額手稱慶

537.　政大中文系
　　大師宿儒早星隕　故舊多懷思
　　中年俊彥亦雲散　後進正努力

538.　彰師大國文系
　　咨爾多士　偏愛詩學
　　此次古典　下回現代

539.　中山中文系
　　系主任如走馬燈　我曾受照明
　　文學士像春原苗　余亦願灌沃

540.　師大國文系
　　我的母親　奶水猶在臟腑中
　　國之瑰寶　花木長植田園裏

541.　高師大國文系
　　老友常相會　一篇篇學位論文
　　新知亦邂逅　一位位年輕俊彥

542.　淡水中文系
　　淡水路迢迢　一入校園開宿懷
　　藍星光熠熠　百歷艱辛得新家

543.　東吳中文系
　　侷處山坡一隅地　靜若處子
　　開闢學苑數畝田　動在靈心

544.　鳳凰樹文學獎
　　鳳凰樹上念鳳凰　春暖花開
　　成功大學祈成功　秋來果熟

545.　周英雄
　　未為英雄是才人　台北香港數相逢
　　不逞意氣做功夫　學術行政兩得意

546.　黎元洪
　　糊糊塗塗　充革命英雄
　　圓圓滑滑　做民國總統

547.　西太后
　　一聲小李子　幾根白髮生
　　一部近代史　多少亡國恨

548. **趙倍響**
多少相思多少夢　忘不掉一個古龍
幾許青春幾許嬌　迷倒了百千潘郎

549. **陳斐雯**
讀妳的詩　如畫如樂
看你這人　是痴是狂

550. **趙曉君**
是詩是歌　曾經滄海難為水
如夢如影　已然虛脫不再生

551. **楊貴媚**
愛情萬歲　妳的迷失妳的妙悟
努力半生　神之旨意神之偏私
注：她做了二十多年演員，技藝日進，卻每與大獎擦身而過。「愛情萬歲」爲其代表作。

552. **文學**
古典浪漫寫實象徵超現實
意象比喻對仗韻律集大成

553. **政治**
民有民治民享民爲貴
神權君權人權自由權

554. **美國**
洛磯山脈以東　紐約芝加哥華盛頓
獨立革命之後　林肯傑佛遜羅斯福

555. **人生觀**
天堂裏幾片雲霞　今夜餐之飲之
人世間若干風波　明天忘之散之

556. **朱天文**
昨夜我醉了　天文天象竟不分
今晨乃醒來　天心天衣俱顧全
注：醉中恍見天文爲星，醒時肯定三姊妹。

557.　楊德昌

鄰家少年死掉了　奈仁義道德何
危險關係理不清　看藝術手法吧

558.　八行書

受信人寒暄語　主旨理由起承轉合
寫作者年月日　懇求敬語等因奉此

559.　世界文學史

歌德但丁普希金佛克納莎士比亞　家家可傳
杜甫夏目泰戈爾福樓拜塞萬提斯　句句宜誦
　　　注：中、英、法、德、美、日、義、西、俄、印，十個文學大國也。

560.　生活

家貓野狗小雞老鼠蟑螂　眼明便見
老闆同事顧客教師學生　川流不息

561.　道理

要教人不知　除非自己不為
想讓天無言　務必吾儕無私

562.　世情

天才兒童滿街走
老成大人渾身愁

563.　樂透彩

吾家米倉　正愁空
鄰居少爺　已樂透

564.　茶壺

一張長長的嘴巴　香片龍井烏龍
一個大大的肚子　醉客豪傑閒人

565.　早晨

昨夜夢未醒　眼前景色分明
明日勢將至　心中煩惱混沌

566. **上課**
偶然間説幾句笑話　滿堂愕然
講授時懷一腔熱情　幾人領略

567. **演講**
天馬行空　蹄落荒郊野地
小鳥停窗　聲掩讜論宏議

568. **手機**
三千里外一線通　卿卿我我
咫尺之間兩人説　絮絮滔滔

569. **傳眞**
鈴聲小鳴　一張紙吐出真相
神色大變　多少事就在眼前

570. **嬰兒**
餓了就哭　沒有禮儀無顧忌
喜焉乃鳴　幾許童趣多天真

571. **少年**
我愛什麼做什事　你們少煩
他説甚話講甚理　咱家不管

572. **中年**
皺紋猶如洞庭波　總是風風雨雨
笑容每嫌巫山雲　莫非朦朦朧朧

573. **老人**
公園長椅坐端正　小報眼鏡收音機
家中兒孫若散沙　長吁短嘆失眠夜

574. **老婦**
花白頭髮老來俏・染黑鬢黃費參詳
紅粉容顏近時悴・塗朱敷藍怕譏嘲

575. 床
酣睡時的依恃　恣余翻騰黑白
失眠夜的伙伴　聽我傾訴甘苦

576. 午後
鄰居的鐘磬聲打破岑寂
遠山的薄紫嵐引發遐思

577. 伊媚兒
天外飛來的幾句話語　五分鐘或兩小時
人間修得的一份奇緣　三十年抑八輩子

578. 痴・閒
明皇真痴　上天入地求之遍
稼軒好閒　管山管竹忙不完

579. 凡夫
荒山野嶺　遇不著一個樵牧
凡夫俗子　識不得幾位古人

580. 丁玲
太陽照在桑乾河上　聲嘶竭力
才女獲得史大林獎　喜極欲泣

581. 新生報
由李萬居肇始　光復初堂堂皇皇
經謝然之耕耘　解嚴後淒淒楚楚

582. 自由時報
砸下多少金銀　宣揚所謂自由
贏得幾許讀者　擠熱其他大報

583. 夏元瑜
治動物製標本　忙完前半輩子
寫文章搞幽默　玩盡後頭餘生

584.　**王大空**
　名嘴愛説笑話　連胡品清也開顏
　好手常寫文章　是百靈鳥的同儕
　　　注：王大空，中廣老人，著有《笨鳥慢飛》等書。

585.　**王大閎**
　建築名師　是開國元勳的子嗣
　文壇票友　乃唯美名著之譯者
　　　注：王氏乃王寵惠公子，曾譯王爾德《杜連魁畫像》

586.　**無名氏書**
　塔裏的女人　誰前來拯救
　北極風情畫　君為之點睛

587.　**沈富雄**
　想救千萬罹疾人　半途而廢
　總説幾句真心話　兩面為難

588.　**邱議瑩**
　漂漂亮亮的女孩　欣然走入國會
　尷尷尬尬的立場　只好回顧家人

589.　**胡楚生**
　誠誠懇懇的君子　效法孔孟
　實實在在的學者　經典韓柳

590.　**趙少康**
　由農機系出身　一腳踏入政治圈
　是新黨魁人選　三年轉進傳媒界

591.　**李紀珠**
　政院青輔會主委　做得圓圓滿滿
　新聞夜總會掌門　説得清清楚楚

592.　**清晨**
　鳥鳴花更悠　晨跑見美景
　車罕人皆靜　讀書得新知

593.　**劉嘉芬**
　　　　之一
　　扮學生清純無比　是張艾嘉愛徒
　　做女兒乖巧可親　為宋存壽賞識
　　　　之二
　　偶然闖入演藝圈　一點一滴歡喜緣
　　乍地嫁給國會郎　一幕一齣辛酸劇

594.　**馬英九**
　　廿餘載未腐化　政界異數
　　五十歲是轉機　前途坦蕩

595.　**李慶安**
　　鍾情教育　發論擲地有聲
　　關心國事　抽暇照鏡興慨

596.　**清晨**
　　晨跑時　滿心遐思
　　讀書畢　一身輕盈

597.　**陳之藩**
　　在春風裏　呼吸清新空氣
　　到劍橋去　掠取優美倒影

598.　**二二八公園**
　　我的童年　滑梯鞦韆水滸傳
　　新的歷史　自由人權博物館
　　　　注：二二八公園原名新公園，乃吾小時遊息之地。

599.　**館前街今昔**
　　兩行椰子樹　一種童稚趣
　　幾排紅綠燈　百家時髦店

600.　**學問**
　　四十年學問　知本無涯
　　千百雙眼睛　我欲無言

601. **校對**
清道夫清早上街　勤勤快快掃落葉
窮措大半夜起床　辛辛苦苦抓跳蚤

602. **出書**
一本新著殺青　歡歡喜喜
兩頰面皮發紅　悵悵惘惘

603. **皇帝夢**
假如我做了皇帝　先盡斬惡人
倘使你登了御座　要博施貧民

604. **簡錦松**
　　之一
浸淫古典詩　推廣到寶島各個角落
縱橫明代史　深入於文苑每一細節

　　之二
廿七年師生之誼　冷冷熱熱
五十載文史之旅　尋尋覓覓

605. **李惠綿**
修我批評史日　曾幫助異邦女同學
治此戲劇學時　真耗盡珍貴好光陰

606. **李錫鎮**
受我兩門課　更考你博士論文
同室十年餘　還欠君家常閒譚

607. **江俊逸**
華岡上課第一天　接受中立誠意懇請
嘉義苦研成九章　完成終生博士論文
　　注：中立，楊時之字。

608. **凌叔華**
花之寺裏　新時代女孩們的憂愁
千代子中　侵略者愛國心之劇諷

609.　　李又卿

曾是綺年玉貌　伶俐乖巧
歷經滄海桑田　勤學聰明

610.　　林玫儀

之一

師生緣三十四年　楚辭和文藝理論
學者名已踰十載　文史加詞學考詮

之二

儀如玫瑰　性情淳
心入書林　功夫勤

注：玫瑰，本為美玉名。

611.　　姜受延

貴為王妃　文文靜靜的性感
變成民婦　火火辣辣的貞潔

612.　　司葉子

大和文化的樣板　一葉知秋
文藝電影的百合　千蕊見春

613.　　岩下志麻

少年時代　好想去岩下隱居
瀨戶海峽　真有那淑女憑欄

614.　　拉蔻兒薇芝

若妳是冰原　我願去躺臥
倘卿即火山　他必往登攀

615.　　二元論

天國有一隻玉盃　我伸手護持
地府矗一座刀山　俺展腿踢翻

616.　　春雲集

今年春天　雲霞滿空
來生冬夜　茗酒一室

617. **蕭紅**

青眼魯迅　文藝圈揄揚易安才情

朱顏蕭紅　生死場寫畫農民甘苦

618. **虞君質**

藝術讜論稱虞文　儼然當代宗師

美的饗宴屬君質　直是新人教父

注：虞君質先生，本名文，六十年代最支持現代詩畫。

619. **馮驥才**

噫　霧中人乃夢中人

啊　大文革映大時代

注：馮氏善寫文革情事，〈啊！〉、〈霧中人〉為其代表作。

620. **巴金**

一百年的春秋家　多少感慨多少淚

兩世紀的悲歡怒　如何消解如何說

注：巴金今年恰滿百歲。《春》《秋》《家》是他的名著。

621. **黃美序**

楊世人的喜劇　傻女婿的悲哀

華岡上的重聚　關漢卿的後裔

注：《楊世人的喜劇》、《傻女婿》均為黃氏劇作。

622. **許地山**

春桃尚潔　是寓言　綴網勞蛛

玉官東野　近完美　結緣放生

注：〈春桃〉、〈玉官〉、〈綴網勞蛛〉、〈解放者〉均為許地山作品，
尚潔、東野是他小說中的人物。

623. **女人**

十二　十八　廿九　四十一　五十二　歲歲如新

乒乓　羽毛　網球　躲避球　小白球　個個都好

注：根據張艾嘉說法稍加補充。小白球，高爾夫也。

624. **花瓶**

非常美麗　非常端莊

並非廢物　並非辣女

625. **校車**
　　同樣的幾張面孔　同類的幾句閒話
　　一定會抵達終點　一準會完成任務

626. **藏書**
　　一排一排書架　永遠保持沉默
　　一本一本舊籍　經常失卻蹤影

627. **整理**
　　兒子在左　彷彿有千山萬水
　　老爸居右　其實是三墳五典

628. **故人**
　　一通電話五十年　聚舊只在一時
　　半部論語三千載　談經何啻百代

629. **報販**
　　從前是沿街叫賣　號外號外
　　如今變騎車投擲　拜託拜託

630. **尋稿**
　　半夜醒轉　忽念及夢蝶詩評
　　就地翻檢　終覓到餵蠹稿件

631. **磨墨**
　　磨來磨去　似虐待百年古硯
　　想東想西　真浪費一潭濃墨

632. **穿衣**
　　清晨早起　衣櫥裏　翻來揀去
　　鐘聲已響　身體上　披紅綴綠

633. **長談**
　　由盤古時代說起　到明天選舉停止
　　喝一杯烏龍苦茶　罵一群烏賊政客

634. **午談**
　　說寒假往事　妳訴說妳不得意
　　講未來展望　我細講我的計劃

635. **選舉**
　　選來選去　半隻爛透蘋果
　　投不投票　一枚微霉梨子

636. **感應**
　　洛陽紙貴　江南才子失意
　　銅山駕崩　長安靈鐘感應

637. **就醫**
　　一具聽筒貼身　兩位護士伺候
　　心跳自此加劇　藥效未必如意

638. **曾國藩**
　　愛國心切　軍威浩浩蕩蕩
　　知人神明　籌算精精準準

639. **鞋**
　　走過一萬里　穿破一百雙
　　感受溫馨情　圓成踏實心

640. **襪**
　　穿著漂亮　有些微癢
　　脫了爽快　何必矜持

641. **圍巾**
　　一陣寒流過　圍住我的心
　　兩三彩色畫　醉了帥哥眼

642. **夜尿**
　　攝護腺實在不听話　一夜數起
　　蔓越莓真的很幫忙　永遠感激

643.　**翁文嫻**

是詩人是淑女是巾幗　妳從巴黎回來

有佳思有堅持有意氣　我在台北結識

644.　**張梅芳**

翁文嫻的高足　衣缽傳焉

陳幸蕙的後輩　鐘磬勉之

645.　**眞理大學**

曾經出了個陳淑雲　翩翩佳人

近年回來位張良澤　款款學者

646.　**陳器文**

二十年前曾遭遇　驚鴻一瞥

本世紀初又共議　刮目相看

647.　**鄭文惠**

八年之前　彰化結緣　佳人如雲

一卷之中　燦思屢現　學績若霞

648.　**李致洙**

陸游詩九千首　你研讀了踰三遍

師生緣二十年　我讚許你有四德

649.　**元鍾禮**

永遠純真　常自詡兩位漂亮女兒

三世師生　愛妳有三寸不爛之舌

注：李、鍾二位均爲我高足，今之韓國教授。

650.　**方瑀**

昔爲中國小姐　台大校園曾見面

今盼第一夫人　中華民國要振興

651.　**汪麗玲**

秀眸一轉　傾國傾城傾人

鶯聲偶展　沉魚落雁落葉

652. **玄言詩**
味同嚼蠟　李耳莊周想抗議
旨若飲水　嵇康阮籍自得意

653. **周璇**
歌聲何嘹喨　五紀回憶今猶新
秋水多波瀾　三笑姻緣昔曾迷
注：秋水，指她的秀眸之風情萬千。

654. **吳逸寧**
澎湖來的佳麗　上媲吳宮的西施
大海中的珊瑚　下比飄逸的嬰寧

655. **山水詩**
謝靈運　穿破了幾雙木屐？
柳宗元　冒犯了多少山靈？

656. **湘菱**
一首藝術歌曲　千迴百折
兩年嬌豔風姿　三思五想

657. **李豔秋**
一葉知秋　愛說天下國家事
多士驚豔　開張新聞夜總會

658. **鄭貞銘**
　　　之一
細柳營裏曾相會　擦身而過
陽明山上又重逢　並肩同行
　　　之二
新聞圈裏有盛名　讀報如觀星
學術界內展長才　樹人猶樹木

659. **四愛**
淵明愛菊　濂溪寵蓮　菊蓮連心
和靖戀梅　山谷鍾蘭　梅蘭同芳
注：元人虞集有〈四愛題詠〉。

660.　四種夢

四大不和可奈何　先見為明夢中求
一如天人真幸運　畫想入冥夜裏現

注：佛家謂夢有四種：四大不和、先見、天人、想。

661.　學生意見表

您是我最喜愛的老師　三生幸運
誰說他有豐富的學識　一塌糊塗

662.　秀華

秀眸常令人遐思　夜夢猶現
華衣每讓我讚賞　月光可比

663.　巴爾札克

高老頭走進紐沁根銀行　奈何奈何
夏上校愛上卡達央王妃　浪漫浪漫

注：二聯含巴氏四部小說名。

664.　偉人

走過荒沙大漠　登上光榮高峰
不管閒言讕語　只求輝煌大德

665.　鍾曉陽

停車暫借問　或恐是愛玲
流年忒可珍　畢竟有翠袖

注：〈停車暫借問〉、〈流年〉、〈翠袖〉均為曉陽作品。

666.　電療椅

坐在椅子上　大家聊聊天　越聊越樂
深入血脈裏　軀體通通電　愈通愈健

667.　報紙

要聞版到娛樂版　版版是辣
體育訊到藝文訊　訊訊開胃

668.　臺南

赤嵌樓鄭成功　一種古風媲京都
王妃廟忠烈祠　幾座大學有風致

669.　　林雯卿
　　學了幾年美工　林雯卿找回自己
　　做了好些功夫　高行健得一知音

670.　　古巴
　　卡斯楚的王國　充滿異域色澤
　　海明威的舊寵　不失英雄風采

671.　　先知
　　躍馬疆場身先死　英雄自古不合時
　　縱心人間謗亦隨　先知向來無好命

672.　　馬克明
　　馬克斯永遠不會了解
　　文徵明也許樂意入畫

673.　　劉麗明
　　由政治而文學　一意向我心
　　從姑娘到少婦　兩眸猶秋水

674.　　蘇昭英
　　蘇若蘭的才華　千古稱述
　　沈雲英的情韻　一旦揚溢

675.　　林佩儒
　　研究韓國人的儒學　令我欽佩
　　細說護專生的情境　使人悵惘

676.　　劉雯鵑
　　研究歷代的筆記小說　功夫不淺
　　終於否定了風水迷信　妙悟大佳

677.　　陳佳穗
　　一七〇公分的佳人　談吐如蘭
　　十一載努力的成績　文字若錦

678.　**落伍**

別人走在陽光裏　他仍踽踽苦雨中

世紀漸入太空界　彼猶依依枯井裏

679.　**瓷碗**

淡淡藍藍　宛然心中秘史

豔豔紅紅　彷彿少年初戀

680.　**今日**

青天白日滿地紅　受到考驗

金木水火土風雲　依然流行

681.　**何佑森**

錢賓四的高足二十載　陪侍不懈

梁任公之後輩三百年　學術未竟

682.　**落花**

杜牧擬為墜樓人　群英群謝

黛玉善待飄零物　一瓣一埋

683.　**唱歌**

張口噴出昨夜的宿醉

伸眉展現童年的幻夢

684.　**拜拜**

殺豬宰羊　家家戶戶競腥羶

求神拜佛　日日夜夜焚香紙

685.　**週休二日**

增加了週五的工作　一切就緒

填塞了南北的道路　萬人出遊

686.　**結婚**

婚紗照揚名立萬

福證人聲嘶力竭

687.　滑梯

一直往下滑滑到黃泉中
繼續向上爬爬入白雲裏

688.　教學

一個個的字　一疊疊的書
一雙雙的眼　一顆顆的心

689.　熬夜

把自己當作蠟燭　一寸寸地燃燒
將蟲鳴充為夜飲　一聲聲地斟酌

690.　醒醉

屈原是不是清醒　漁父有沒有說對？
陶潛算不算酗醉　田夫然也否良伴？

691.　佳人

一顆顆清晨的露珠　在荷葉心裏
萬千千天空的彩霞　在上帝掌中

692.　野人

吃香蕉吃麋兔　吃樹葉　悠遊不迫
說怪話塗奇彩　做鬼臉　自得其樂

693.　姑姑

代父親發言　又嫌婦人之仁
跟媽媽比俏　只怕東施效顰

694.　夜起

披衣而起　非關振衣千仞岡
倚枕半醒　有點繫心萬民事

695.　孽緣

妳是一朵小野花　偶然開在荒郊地
他是一名老獵人　從來不打禽獸魚

696.　**打字**
三五種系統　攪混在一起
一兩根食指　忙碌得半死

697.　**錄影帶**
錄下醜聞　錄下政變　錄下間諜
回憶童年　回憶初戀　回憶旅遊

698.　**攝影**
日本人最擅長　一路上趕拍風景
藝術家稱矮子　半吊子創造名作

699.　**陳錫勇**
頑童本色　週旋左右兩岸
老子校正　縱橫古今三墳

700.　**宋存壽**
破曉時分　是傳奇　是歷史　是悲劇
母親卅歲　乃寫實　乃時代　乃血淚

701.　**古事**
嫂溺援之以手　井深未濟
夫死嫁給乃兒　心傷難達

702.　**謝師宴**
吃吃喝喝　談談笑笑　偶落幾滴熱淚
坐坐走走　思思憶憶　且獻一束鮮花

703.　**林肯**
東施給壓力　且潛移默化
南軍抗正義　乃破釜沉舟

704.　**無題**
冰箱裏一隻橘子　孤伶伶已失神采
書房中一位文士　冷清清成就新韻

705. **金玉言**
　　喝一瓶礦泉水　延年益壽
　　説幾句金玉言　永世不朽

706. **旅行**
　　荷包愈來愈澀　行李越來越重
　　風景逐漸模糊　家園日益清晰

707. **張寶三**
　　經史訓詁現代詩　彷彿三達德
　　兒子鋼琴奏鳴曲　具見兩代情

708. **徐富昌**
　　白髮笑容古文字　一氣貫之
　　遠程輕車彰師大　兩人行焉

709. **彭毅**
　　氣憤時　驚天動地　靈均為之變色
　　平和日　慈眉善目　媽祖與妳同在

710. **龍宇純**
　　經學小學路漫漫
　　研究行政事悠悠

711. **李辰冬師**
　　三國西遊浮士德　處處是屐痕
　　小雅大雅尹吉甫　著著佈陷阱

712. **王吉林**
　　師大校園一擦肩　只是不認識
　　軍中華岡兩連袂　終於成友朋

713. **孫同勛**
　　彼為歷史　杜鵑城裏曾共議
　　此亦詩情　陽明山上又同事

714. **孟子**

十二歲開始　養吾浩然之正氣
六十齡矢志　斂我好辯的性情

715. **月亮**

嫦娥吳剛　阿姆斯壯　三位一體
月桂玉兔　蟾蜍寧靜　四大皆空

注：寧靜指寧靜海。

716. **李賀**

一隻錦囊　暗藏詩心
一顆彗星　映照玉樓

717. **搖頭丸**

搖頭搖頭　正顯示內心的空虛
回首回首　來體察人間之美好

718. **落山風**

一路吹下去　人畜物全難倖免
十年多回憶　姜愛延曾經演出

注：十多年前，姜受延曾來台演出「落山風」一片。

719. **黃玉珊**

是妳姊姊的分身　格外親切
乃我綣綣的導演　頗具潛力

注：玉珊為「落山風」導演，我老友玉河之妹。

720. **喜歡**

一滴露　一株青草　一綹陽光
千首詩　千幅圖畫　千闋音樂

721. **討厭**

一張嘴　一副臉孔　一種冷笑
百人詼　百家熱鬧　百萬富豪

722. **冷漠**

太陽出來　他未覺得暖熱
青山沉淪　她不為之變色

723. **鍾曉陽流年**
　　一排開滿紫粉紅細條兒密紮紮的花朵
　　一座充溢翠碧綠軟綿般懶吁吁的校園

724. **睡態**
　　張飛睜大銅鈴眼　　鬼不敢近
　　夢蝶蓋上絲棉被　　密不通風

725. **詩**
　　什麼也沒明說　　眼眶有點濕
　　一切都包涵著　　世界真夠大

726. **梁榮茂**
　　經常治些學問　　西漢到魏朝
　　偶然做了官員　　民進與客家

727. **巴壺天師**
　　幾百首古典詩　　首首是禪
　　一兩套漢家袍　　套套傳神

728. **王夢鷗**
　　未夢鷗時是素王　　桃李春風
　　乍見狼日變關公　　松柏冬寒

729. **潘重規先生**
　　原是吾師三十年後才見面
　　志在敦煌近兩千載解玄機
　　　　注：潘師原為師大國文系系主任，我入學時他出國。

730. **高明**
　　元明戲曲曾輝煌　　同名亦雅事
　　文史學問確厚實　　受業如景雲

731. **沉思**
　　由宇宙的起源想起　　雞和雞蛋
　　到生命的終結為止　　人與鬼神

732. **唐捐**
由古典到現代　王安石加洛夫
從格律至詩史　創世紀和藍星

733. **歐麗娟**
一部唐詩初中盛　更有李義山
幾許樂園甘苦澀　再現烏托邦

734. **沈梅**
忒小年紀　會講說唐全傳　娓娓亹亹
好大志向　苦學物理化學　莘莘孜孜

735. **于崇信**
車籠埔革命伙伴　一個大頭一雙巨足
巴黎城留學畫家　一片天籟一盤原色

736. **劉平衡**
一切都平衡　半個趙無極
五內均調彩　三年劉國松

737. **糖**
主炊婦人調味品　鹽醋鄰居
風流名士咖啡心　奶油伙伴

738. **鹽**
瘂弦小詩裏的材料　涉及人性
廚師大菜中的基調　無關大事

739. **貝多芬**
替羅門做靈魂管家　五十年如同一日
為張健解生命桎梏　八方位展現異彩

740. **莫札特**
月光流進落地長窗
跫音滲入參天古木

741. 舒伯特

雲雀展翼　直入九霄靈域
鱒魚掀鰭　逸向海龍王宮

742. 蛋糕

那小女子一片溫情　糕小如鵝毛
我寸心中無限感激　美重若泰山

743. 太平洋

由膠州灣到洛磯山　到底有多遠
從冰河期入間冰紀　其實也不久

744. 大西洋

渡過多佛海峽　狄更斯曾述傳奇
奔馳英法隧道　黛安娜已喪紅顏

745. 印度洋

曾經在七四七機艙內俯瞰　一片白茫
聽說在九世紀歷史上尋覓　許多瑰麗

746. 冰島

我只深深記憶冰島漁夫
你偏悠悠企慕北國海天

747. 旅興

曾在羅馬街頭迷失　愈迷愈樂
又在高松鎮上漫逛　越逛越痴

注：高松，日本四國一地名。

748. 掇拾

我在路邊掇拾芳草　撿到一片碎紙
我於書中尋求真理　引發許多懷疑

749. 理髮

剪不短　理還亂　大師犖戁
染不黑　看了煩　老人長嘆

750.　重逢
　　光中和夏菁　七十年代空中巴士見
　　張健與康吉　澎湖列島馬公陌巷遇
　　　　　　注：陳康吉，我的中學同學，當兵時馬公猝遇。

751.　白千層
　　從不相信千萬字　除非大都市
　　有時剝開一棵樹　發掘小秘密

752.　忠孝
　　沒有君主了　忠於孤家寡人
　　懷念父母時　瞻向百年大樹

753.　仁愛
　　孔子說仁　諸論紛紜歸於一
　　墨翟兼愛　眾生平等未落實

754.　信義
　　尾生守信　抱橋而死　未免一迂
　　仲連仗義　發言解紛　不啻百傑

755.　和平
　　阿拉法拉和平獎　中東如蜂蠆
　　愛因斯坦科學人　方寸念眾生

756.　國歌
　　很久不唱了　走在路上　偶然肅立
　　只怕生鏽矣　錄於檔案　如何高枕

757.　國旗
　　青天白日　藍天白雲
　　滿地紅霞　滿江紅淚

758.　心印
　　我和卿卿　心心相印
　　蜂與蟈蟈　聲聲應和

759.　**星雲**
　　滿面富泰　佛光山千燈萬禪
　　一心隱憂　美麗島萬瀾千波

760.　**證嚴**
　　少女時代靜聆風聲　沒有人知悉
　　一代宗師動輒雲從　只待佛參詳

761.　**法**
　　學法律的眾兄弟　簡直無法無天
　　參法相的老和尚　只知至法在天

762.　**生機**
　　借得一片擋風玻璃　只求苟延殘喘
　　仰看半天迷人彩霞　但願重燃生機

763.　**運動會**
　　跳高短跑擲標鎗　個個奮勇爭先
　　籃球足球高爾夫　球球踴躍中的

764.　**牧童小睡**
　　咩咩羊群都散步去也
　　濟濟星辰也休息完了

765.　**大業**
　　效法成吉斯汗　完成巨人大業
　　學習海倫凱勒　開拓盲聾境界

766.　**死**
　　只休息六十年　重新再來
　　僅喘息三五秒　悠然逝去

767.　**痴愛**
　　我對妳的愛　豈止寫入詩篇
　　妳對我的痴　有時化為犖麼

768. **赤心**

藍天裏一行雁　妳異常喜歡
赤心中一把尺　我十分珍重

769. **路**

跟鞋子們的友誼　他永遠珍惜
和車輪族的摩擦　請不必介意

770. **橋**

妳在那一頭　彷彿長江遠
我住這一端　只盼群鵲近

771. **歷史**

您是一位巨人　恆高視闊步
我乃一介草民　總細察蛛絲

772. **地圖**

若說起迷路　就從萬國全圖起頭
真要求安全　且把世界地理廢棄

773. **涅槃**

叢甦在一篇小說裏抒寫盲獵
汶津在一場大夢中見證涅槃

774. **回憶**

火車開得迤迤邐邐　嘉南平原午安
老人坐著顫顫巍巍　大千世界永恆

775. **廖安難**

有一次音樂教室裏　我專心地看妳的後頸
再一年班友聚會時　我無意間捉妳的眼神

776. **毛毛雨**

最癢最癢的小東西
最懶最懶的細毛蟲

777.　**錶**
　　滴滴嗒嗒　一串嘮叨早煩神
　　沉沉靜靜　幾個數字真清爽

778.　**小吃攤**
　　糍糕粽子大滷麵　吃得津津有味
　　小妹大哥老情侶　看來默默無聲

779.　**醉**
　　月亮當作太陽　指指點點
　　星子看成芝蘇　跌跌撞撞

780.　**英雄**
　　小橋　流水　綴人家
　　大風　惡浪　成神仙

781.　**荒謬**
　　老狐狸和黃鼠狼設賭局
　　如來佛與觀世音當裁判

782.　**選前**
　　有人入號子　號稱公平交易
　　有神蒞寶島　保護無辜百姓

783.　**張栩**
　　一盤棋玩下來　宇宙多和諧
　　二十年熬過去　妻子好賢慧

784.　**政治圈**
　　投入此一染缸　上等布都變了色
　　走出這個陷阱　尋常人也鬆口氣

785.　**陳斗生**
　　鐵小附中文大　五十五年過去了
　　土木文學友誼　八千里路不稀奇

786.　**立可白**
　　寫錯字是常事　你愛管閒事
　　改詩文乃正事　汝真有本事

787.　**高準**
　　本不想寫你　因為確非常尷尬
　　仍承認是友　只想到十分久長

788.　**炸彈**
　　電影上看過三千次
　　心靈中鬧了一萬回

789.　**打水漂**
　　余光中羅門夏菁都是大兒童
　　香港島羅湖深圳全有小水花

790.　**入定**
　　每逢失眠夜
　　便說入定好

791.　**詩販**
　　背了一籮筐詩　直直走上街頭
　　說盡三千年情　悄悄溜回斗室

792.　**卜**
　　用龜殼？　早已不流行了
　　請碟仙？　他也太忙碌啦

793.　**求愛**
　　我懇求你疼愛我　獻上一千紅玫瑰
　　我拜託你饒過我　賞你三百閉門羹

794.　**塔**
　　巍峨不比高山　莊嚴勝之
　　嫵媚未逮亭臺　風骨凌焉

795.　**子夜**
偶有犬吠　鄰家漢子打鼾
仰見星光　自己心裏發癢

796.　**千聯**
一千顆星辰　在天邊閃閃發光
百萬年生命　供吾人娓娓吟詠

797.　**天國**
秀才不出門　能知天下事
天國乏美景　何如人間好

798.　**信仰**
你信你的佛　我拜我的神
上帝若保佑　菩薩亦庇護

799.　**安詳**
泰山崩於前　顏色不變
情人逃上天　寢食如常

800.　**墨子**
胼手胝足　解救鄰國困境
尊天敬鬼　肇成後世迷思

801.　**無奈**
想攀登玉山巔峰　只恐無此機緣
欲泅越台灣海峽　可惜沒這本領

802.　**進**
自反而縮　雖千萬人亦往矣
聯袂以進　歷無數劫猶安焉

803.　**紅**
花紅不配柳綠　天地自在
人紫莫見心赤　世間難寧

804.　**風箏**
飛上去飛上去　最後線斷啦
飄下來飄下來　也許神死了

805.　**舊書店**
有些霉味　有些灰塵　有些蟬嘶　雙手染灰
找尋珍本　找尋奇書　找尋絕版　眼睛發亮

806.　**蜜蜂**
釀完了蜜汁　回去休養
遇見了蝴蝶　順便調情

807.　**儒林外史**
吳敬梓打了個呵欠　儒林人真相畢現
杜少卿花了些銀子　九重天祥雲頓湧

808.　**白先勇**
在美國寫台北人　分外親切
為孽子作代言者　何等深摯

809.　**舊金山**
豈止一座金門大橋　跨越我的靈魂
更有許多白晝暗夜　滋潤我的生命

810.　**好萊塢**
我的生涯　有十分之一和它關連
它的精華　約三分之二與情映襯

811.　**華盛頓**
是一位平民將軍　建立一個國家
乃一座典雅城市　居住百萬人民

812.　**芝加哥**
美麗的大學　滔滔的流水
繁榮的市容　洶洶的新聞

813.　**西雅圖**
連名字都是異常美麗的　心嚮往之
數師友總有不少優秀者　神飛越焉

814.　**蘇州**
幾條小橋流水　幾艘烏篷船
一幢寒山古寺　一座虎丘山

815.　**周伯乃**
詩壇老友　文苑常見鴻篇
華岡新侶　校園屢添趣話

816.　**胡品清**
清清如水　四十年似三秋
蒼蒼若山　八二齡是一寶

817.　**郭沫若**
洪水下的女神　聲名狼籍
鳳凰外的天狗　風骨蕩然
注：《洪水》爲創造社刊物，〈女神〉、〈天狗〉、〈鳳凰涅槃之什〉
均爲郭氏作品。

818.　**曹禺**
北京人死了　原野上一片哀歌
大雷雨過去　日出時萬有蛻變
注：四句含曹禺五作品。

819.　**楊世人**
楊世人無可奈何　下黃泉驗明正身
無常鬼有心無肺　乘黑夜狐假虎威
注：此爲黃美序劇作。

820.　**秦始皇**
開闢馳道　書同文　車同軌
焚盡圖籍　儒入土　國乃危

821.　漢武帝
　　　為了開疆闢土　多少灰飛煙滅
　　　祈求長生永駐　幾許巫蠱術士

822.　賈誼
　　　一夜宣室受召　可憐未央虛前席
　　　幾篇楚辭明志　畢竟不朽傳來生

823.　陸游
　　　打虎功夫匹武松　無奈無權無緣
　　　吟詩成績冠文苑　可敬可愛可誦

824.　楊萬里
　　　萬里前程　楊柳萬株拂春曉
　　　千夜吟詠　書史千卷潤秋月

825.　朱熹
　　　修身治國　格物致知　文廟裏有高位
　　　讀子傳經　吟詩說理　史乘上多大業

826.　歐陽修
　　　醉翁亭記　一醉翁　醉中有醒
　　　六一居士　六風雅　風起湧雲

827.　蘇軾
　　　夜半江聲倚杖歸　也無風雨也無晴
　　　一生海涵揮毫終　亦愛百姓亦遊山

828.　黃山谷
　　　幾筆硬字偏倨傲　愛民如子
　　　千首新詩多拙巧　律己若詩

829.　陳後山
　　　蒙被吟詩　不許稚子吵鬧
　　　拒衣喪命　只顧丈夫氣節

830. **陳簡齋**
蝸角功名任自然　　大人若風雲
窗邊修竹本無心　　長風將佳月

831. **梅堯臣**
借車搬家家具少　　浮生有知己
出門有礙天地闊　　幽徑獨行迷

832. **蘇舜欽**
世人飾詐我大笑　　天公乖巧
朝廷禁令偶小忘　　餘生寂寥

833. **韓幹**
默默調彩畫騏驥　　寶馬卻步長鳴嘶
赫赫享名遇伯樂　　長公揮毫大張揚
註：長公，蘇軾號。

834. **王安石**
變法鬥氣力不衰　　毀譽參半
吟詩作文神難媲　　辭意兩全

835. **林逋**
梅妻鶴子　　多少風流多少夢
疏影蘿徑　　幾許閒情幾許痴

836. **宋祁**
簡潔古樸　　半部新唐書
典雅瑰麗　　一卷景文集

837. **楊億**
四六文章開風氣　　義山是吾師
三五事功見才具　　昌黎乃前修

838. **王禹偁**
官居翰林屢遷謫　　問心無愧
詩學李杜開風氣　　憂時有功

839.　**蘇洵**
　　少年荒蕪時未晚　與愛兒同科
　　老成嫵媚吟不止　跟丞相唱和

840.　**蘇轍**
　　十八成進士　追陪長兄生死情
　　千首猶佳什　隨配詩家牛馬走

841.　**曾鞏**
　　永叔栽培心志高　一步一痕
　　夜半喧闐意氣豪　千燈千星

842.　**文同**
　　墨竹千株世所寶　丹青見性情
　　清詩百首韻自流　筆硯多才華

843.　**江上主人**
　　青林遠岸　白水平湖
　　黃山高峰　風人江海
　　　　　注：用文同詩意而推擴之。

844.　**明妃曲**
　　胡恩自深漢恩淺　昭君自是有情人
　　萬里固遠十里好　人生何須多風景

845.　**王令**
　　偉節高行時人稱　新詩傳鄉里
　　奇才異采安石賞　連襟謀家國

846.　**張耒**
　　黃州監酒稅　不飲自醉
　　鴻文若汪洋　未讀已傾

847.　**劉屏山**
　　宦場生涯原是夢　學者稱屏山
　　幽淡老成竟多詩　雅人有深致

848. **范成大**
　　石湖風月知多少　消磨半生
　　田畝生涯入風雅　自成一家

849. **晁沖之**
　　氣豪經年性放達　遍交益友
　　疾革忽然有妙悟　悉焚舊稿

850. **姜白石**
　　性情淡泊　渺渺臨風思美人
　　詩詞飄逸　迢迢冷水詠梅花

851. **戴復古**
　　世事如夢　何必復古？
　　利名若塵　盍來詠雪！

852. **趙師秀**
　　晚唐傳人沉下僚
　　五言律體稱高手

853. **翁卷**
　　終生卷藏布衣中
　　每天吟詠碧軒集

854. **徐照**
　　山民清瘦吾能想像之
　　新詩尖新天亦憐愛焉

855. **徐璣**
　　胸藏珠璣　訪梅若訪舊
　　心同星月　憑高如憑古

856. **謝翱**
　　登台真應痛哭　家國已變色
　　揮毫每見奇氣　筆硯亦生鏽

857.　文天祥

狀元宰相何壯烈　　致君堯舜上
零丁洋裏多沉哀　　效法子美詩

858.　史可法

梅花嶺上衣冠塚　　天亦憐忠
揚州城裏紀念祠　　余曾謁君

859.　元好問

金元之間一風人　　才雄學贍
胡漢何分萬世英　　格高境深

860.　電視辯論

你一句我一語　　火來水去
我一掌你一拳　　聲東擊西

861.　嵇康

廣陵散絕　　猶彈琴不輟
飛鴻高翔　　乃託諭無限

862.　搬研究室

滿屋的書籍都抗議　　吾儕要留下
所有的回憶願追隨　　咱們一起走

863.　伍振鷟

君非伍員不吹簫
才如蘇秦每鳴鐘

864.　搬家

一宗兩宗三宗　　樣樣都不捨
三年五年十年　　歲歲已成魂

865.　曹植

我本同根生　　相煎太急傷頃刻
才乃造物賜　　吟哦無礙揚千古

866. **曹操**
　　人生如朝露　杜康可解憂
　　漢庭若危卵　阿瞞徒興浪

867. **蔡琰**
　　命運何慘酷　寸身若二生
　　世界多悲劇　一婦事兩朝

868. **劉邦**
　　大風起　雲飛揚　安得猛將？
　　亭長來　龍騰躍　焉知乃公！

869. **蘇武**
　　十九年節旄盡脫　此志不移
　　九千里鬚髮皆白　吾首猶存

870. **李陵**
　　五千奇兵立奇功　功虧一簣
　　三首古詩見古風　風湧千年

871. **李延年**
　　善歌善舞真知音　一曲成讖
　　傾城傾國美佳人　十年得幸

872. **司馬相如**
　　才為世出　一賦長門干天顏
　　命有五條　三顧文君得國色

873. **卓文君**
　　王孫之女新寡婦　琴音動春心
　　才子之妻欲白頭　詩篇諫夫君

874. **班婕妤**
　　一入深宮不由己　吟哦怨歌行
　　再見飛燕已失意　供奉長信宮

875.　**趙飛燕**
　　身輕如燕　飛入帝王懷抱
　　心黠若狐　拚絕佳麗身影

876.　**梁鴻**
　　有嬌妻孟光　舉案齊眉
　　作五噫短歌　覽景蹙額

877.　**張衡**
　　四愁出口　何為懷憂勞蒼生
　　五經在心　每願效忠造機械

878.　**蔡邕**
　　董卓豺狼曾相親　收屍報恩
　　長城駿馬且苦吟　加餐長憶
　　　　注：蔡氏有名詩〈飲馬長城窟行〉。

879.　**秦嘉**
　　郡吏奔波亦辛苦　縱身服役
　　淑妻寢疾難侍陪　留詩勸勉
　　　　注：秦嘉妻名徐淑，嘉爲作〈留郡贈婦詩〉。

880.　**孔融**
　　讓梨稚子享大名　北海為太守
　　辯祖佳兒驚滿座　曹瞞下殺手

881.　**辛延年**
　　一篇羽林郎　千年慕胡姬
　　十五窈窕女　片言折中尉

882.　**董嬌嬈**
　　卿非古董乃古人　嬌嬌嬈嬈
　　情若春風貌春華　芬芬芳芳

883.　**古詩**
　　行行重行行　胡馬北風相去遠
　　念念復念念　越鳥南枝思憶深

884.　**西北有高樓**
　　西北高樓浮雲齊　上有絃歌
　　東南孔雀青天飛　中多風波

885.　**江南**
　　江南可採蓮　蓮在相思南
　　西湖宜觀魚　魚在斷腸西

886.　**羅敷**
　　大家都停下來　欣賞一位佳人
　　使君且收回心　傾聽如斯賢婦

887.　**曹丕**
　　做皇帝　娶洛神　風光百倍
　　寫雜詩　詠燕歌　悲思萬千

888.　**楊修**
　　才思超凡　一人一口酥
　　好辭迷竅　千年千古憾

889.　**王粲**
　　登樓成賦　自傷流離傳百世
　　委身適荊　朋友追攀去千里

890.　**陳琳**
　　飲馬長城窟　水寒傷八方
　　揮毫駿騎背　文成驚四座

891.　**劉楨**
　　五言絕妙　獨步建安配陳思
　　雙目入神　平視宓妃囚階下

892.　**徐幹**
　　北海偉長詩之英　室思寫閨情
　　子桓典論譽之甚　雜詠抒離愁

893. **繁欽**
　　一篇定情定千古
　　幾聲嘆息嘆萬物

894. **應璩**
　　百一名詩不稀奇　　宋人遇周客
　　千古淵明受沾溉　　知音感詩品
　　　　注：鍾嶸詩品謂淵明源出應璩。

895. **阮籍**
　　詠懷八十傳千古
　　絕路一哭震寰宇

896. **張華**
　　兒女情多　　遊俠篇算例外
　　風雲氣少　　趙王倫是殺手

897. **陸機**
　　披沙揀金　　委屈了高手
　　高樹鳴雞　　追蹤於古詩

898. **陸雲**
　　長兄如豹我如羊
　　陸機詠山雲詠水

899. **潘岳**
　　眾女子圍身擲花　　清綺絕世
　　大文苑評價喝采　　齷齪望塵

900. **左思**
　　醜男綺文　　濯足萬里流
　　寒族失意　　振衣千仞岡

901. **石崇**
　　珊瑚百株　　傲王愷　　富甲天下
　　綠珠一豔　　迷孫秀　　命喪泉中

902. **劉琨**
　　祖逖好友　聞雞起舞成佳話
　　并州刺史　因風逐浪喪偉軀

903. **郭璞**
　　十篇遊仙不成仙　篇篇是淚
　　一處道士乃高士　處處入禪

904. **飲酒詩**
　　採菊東籬　悠然見山
　　躬耕南畝　永不忘酒

905. **謝靈運**
　　池塘生春草　遊山屐又折齒
　　園柳變鳴禽　康樂公乍棄市

906. **顏延年**
　　酒漿可延年　苦雕五君像
　　朱顏每薄命　長吟六合詩

907. **謝惠連**
　　十歲屬文　謝家庭院增良駒
　　卅七登天　靈運夢境得名句

908. **鮑照**
　　絲竹滿座　憂人不解顏
　　塊壘盈胸　浩歌欲貽誰

909. **謝朓**
　　宣城長歌太白愛　意銳未必才弱
　　玄暉清詩子美親　境奇兼且句秀

910. **梁武帝**
　　佛寺數百座　寫詩詠西洲
　　寶位四八載　慘死在台城

911.　**沈約**

四聲八病稱文豪　詩亦平平

五兵六部為尚書　生乃赫赫

912.　**江淹**

六歲寫詩思潺潺　摹擬為王

四十做官情顛顛　才盡稱郎

913.　**何遜**

水部吟詩　何遜古人

范雲稱友　杜甫師心

914.　**庾信**

一篇哀江南　後世博士且鍾情

數十宮體詩　今歲學子未玩味

915.　**王勃**

四傑英名海外傳

一篇滕閣後世聞

916.　**沈佺期**

沈宋大名誰不知　可憐閨裏月

易之朋黨可奈何　長在漢家營

917.　**宋之問**

唐宋之間有才人　老至不甘居人下

南北兩方度此生　春歸莫非在客先

918.　**杜審言**

五律五排稱聖手　嫡孫能光大

一遊一宦成詩眼　並世難匹儔

919.　**陳子昂**

阮嗣宗的後嗣　感遇若冬柏

李太白的老師　蘭若生春風

920. **張九齡**
　　詞采華贍情深婉　九齡能文
　　秉性剛正氣豪放　百年稱勝

921. **駱賓王**
　　獄中聞蟬聲聲慘切
　　檄文若雷字字鏗鏘

922. **王維**
　　山水田園本當行　漸漸入禪
　　觀獵送別亦本色　悠悠出神

923. **孟浩然**
　　寫詩不為名　淡之又淡
　　入山非求仙　高而不高

924. **崔顥**
　　一篇黃鶴樓　詩仙為之擱筆
　　四句長干曲　兒女吟而垂涕

925. **李白**
　　將進酒　呼兒揪出五花馬
　　欲登天　籲君管好四海事

926. **杜甫**
　　天寶遺事且忘懷
　　草堂生涯亦開心

927. **儲光羲**
　　田家雜興　都市客也愛讀
　　園囿風情　素心人且傾聽

928. **王昌齡**
　　一組從軍行　浩浩蕩蕩詩天子
　　三貶龍標尉　娓娓疊疊陽剛客

929.　**王之渙**

少年俠氣　黃河遠上彩雲間
中歲折節　白日更登層樓頂

930.　**常建**

道可道非常道　禪房花木深
人上人欲化人　山光鳥性悅

931.　**劉長卿**

詞旨精鍊　五言長城入白雲
組織細密　一片冰心在紅塵

932.　**李頎**

本長玄理偏為詩　自然入妙
昨夜微霜初度河　不堪聽愁

933.　**高適**

五十為詩不為遲　氣勢磅礡
兩任刺史竟成師　磊落悲壯

934.　**岑參**

慈恩寺塔昨曾遊　不見飛雁落似葉
走馬川行今細參　但驚碎石大如斗

935.　**鄭谷**

黃巢驚散吟詩客　齊己拜稱一字師
楊花愁殺渡江人　鷓鴣盛名七言律

936.　**曹霸**

將軍魏武之子孫　丹青猶如滿江紅
畫師杜甫之最愛　富貴看作藍天雲

937.　**韋應物**

一介儒生參莊老　字字自然
半是平淡酌清麗　句句灑脫

938.　錢起
　　一篇湘靈鼓瑟詩　　驚動江上數峰青
　　十大才子鳴琴時　　悦服天下百家心

939.　郎士元
　　五律欲靖邊　　莽蒼雄渾
　　萬里獨橫戈　　悲壯瀟灑

940.　司空曙
　　天濛欲曙隔山川　　五律精鍊且蘊藉
　　夜靜無鄰貧舊業　　七絕清暢又婉轉

941.　盧綸
　　精整渾厚追盛唐　　塞下一曲穿石稜
　　奇拔沈雄匹李杜　　鄂州孤帆知浪靜

942.　張繼
　　月落烏啼霜滿天　　寒山寺鐘吾曾擊
　　江楓漁火對愁眠　　蘇州城裏人如織

943.　韓翃
　　兩王遺意　　天寶進士
　　春城飛花　　寒食斜柳

944.　李益
　　十年亂離後　　語罷暮天鐘
　　七言開寶餘　　潮來朝陽醒

945.　李端
　　敏句抒情　　日落眾山昏
　　絕律婉意　　風起裙帶揚

946.　王建
　　三百樂府比毛詩　　聲聲哀怨是民情
　　一篇望月寄郎中　　滴滴冷露濕桂花

947.　**戴叔倫**

一年將盡夜　　民間處處有疾苦
萬里未歸人　　絕律句句見清雋

948.　**韓愈**

硬語盤空稱英雄　　五古氣勢磅礴
佳景疏宕是雅人　　七絕生趣盎然

949.　**柳宗元**

瘦景深潭二而一　　永州八記稱冠冕
鴻文大筆神而化　　柳州五年成宗師

950.　**孟郊**

古樸苦吟島之侶　　遊子身上衣
鑱刻斬削愈之徒　　慈母手中線

951.　**劉禹錫**

登臨詠懷昔猶今　　潮打空城寂寞回
懷古竹枝雅亦俗　　山圍故國週遭在

952.　**元稹**

一位生死交　　千里猶傳情
一篇連昌宮　　百世堪解意

953.　**白居易**

小蠻樊素何足道　　一歲一枯榮
長恨楊妃死無辜　　千年千遺恨

954.　**賈島**

無本無為亦無生　　一僧苦吟推敲遲
有詩有師且有徒　　百年尋芳進退難

955.　**李賀**

牛鬼蛇神牧之癡　　才人自有丘壑
英雄豪傑囊中藏　　鬼仙赴召玉樓

956. **杜牧**
　　赤壁沉沙事可追　　隔江晚唱心含恨
　　脈脈無言度幾春　　澹澹長空沒古今

957. **李商隱**
　　落花不是無情物　　但恨高閣去佳客
　　錦瑟原來傳意興　　只怨文帝問鬼神

958. **溫庭筠**
　　過盡千帆皆不是　　雞聲茅店月
　　寫遍百情都無奈　　人跡板橋霜

959. **韓偓**
　　總覺惜花吟宮詞　　枝枝葉葉
　　其實抒憤寫忠忱　　風風雲雲

960. **許渾**
　　盛唐餘韻晚唐穠　　清明自感應
　　懷古心切懷人摯　　山林亦有知

961. **羅隱**
　　五七絕句清淺如水　　芳草多情意
　　律調古詩莊嚴若山　　時世有闕失

962. **韋莊**
　　清豔明麗七絕勝　　初日芙蓉
　　淒苦生民秦婦吟　　夕照暮色

963. **李煜**
　　一江春水向東流　　深愁無垠
　　半壁江山渝北國　　有淚難滴

964. **李天賜**
　　修我現代詩　　欣賞創作兩相宜
　　讀此戲劇選　　劉邦項羽一成篇

965. **葉金川**
　　健保開辦時·看你任重道遠
　　莎絲猭獗日·羨君出生入死

966. **王貫英**
　　一饅數餃度長日
　　千冊萬卷濟眾生

967. **三二○公投**
　　畫虎不成反類貓
　　狗急跳牆不像話

968. **塞尚**
　　一片風景　　山青水秀
　　兩位牌友　　神定氣閒

969. **馬蒂斯**
　　幾塊紅綠藍　　原色的遊戲
　　三個女妮娃　　生命的美麗

970. **高更**
　　幾位原住民女孩　　妻妾情婦
　　一個黃顏色基督　　神人自己

971. **梵谷**
　　星空草原向日葵　　處處鬧火災
　　燈光夜客撞球台　　人人喝咖啡

972. **莫奈**
　　幾朵睡蓮　　霧中徘徊
　　一頁歷史　　印象萬歲

973. **林布蘭**
　　犀利的眼神　　直透慈母肖像
　　悲憫的心腸　　遍及浪子身影

974.　**杜勒**
　　一幅幅基督　受難於太古今日
　　一位位慈母　籠罩著大地山川

975.　**提香**
　　提香提善兩相宜　色彩之饗宴
　　聖嬰凡嬰都可愛　生命的展覽

976.　**布魯谷**
　　　　之一
　　超越客觀描寫　農夫學者商人
　　展現道德教誨　歡樂蒙昧罪惡
　　　　之二
　　多瑰麗的雪景　獵人出發逐鹿
　　好陰暗的陽光　農夫俯身伐木

977.　**竇加**
　　舞女的知己　腰腿肚腹都辛酸
　　騎士的朋友　馬駒蹄尾全飛騰

978.　**德拉克洛瓦**
　　格雷薩雷茲湖上基督　尺尺波濤
　　索芙羅尼亞刑台美女　寸寸傷心

979.　**喬托**
　　十三世紀的翡冷翠人　何等美麗
　　八十公尺的高塔上景　無比莊嚴

980.　**蒙得里安**
　　紅藍黃白黑　縱橫灌沃
　　平面長方形　南北交疊

981.　**羅特列克**
　　紅磨坊的舞者　悲歡離合
　　巴黎城的左拉　莊嚴安詳

982.　庫爾培

塞納河畔的少女　印象派先聲
奧爾南鄉的風景　色彩國夜宴

983.　泰納

秋水長天一色　樹樹風情
落霞孤鶩齊飛　色色雲湧

984.　委拉斯貴茲

宮廷裏的魔術師　滄海桑田
基督心的十字架　求仁得仁

985.　波提且利

地中海的美神　維納斯誕生
意大利的畫聖　聖母子見証

986.　莫蒂里安尼

那些女人　都瘦瘦長長鬱鬱
甚至雕像　也沉沉肅肅冷冷

987.　達文西

達文西的微笑　投射給蒙娜麗莎
聖基督的晚餐　分饗於彼得猶大

988.　米羅

美麗的牛鬼蛇神　你本是大頑童
變幻的人物風景　天亦說太奇妙

989.　馬奈

五位騎士爭先　整片淺深蔚藍
一個小孩吹笛　好美黑衣紅褲

990.　雷諾瓦

多少朱顏多少夢　楊玉環在巴黎
幾許風景幾棵樹　唐伯虎入牧場

991. **拉斐爾**
聖母聖嬰大教堂　心中只一個月亮
藍天白雲女園丁　世界有無限遠景

992. **畢卡索**
多一隻眼睛　戴一頂藍天
十萬件精品　近百年瘋狂

993. **克利**
童心奏成 A　B　C　遊戲如夢憶
線條飛翔 Do Le Mi　生命變詩劇

994. **上古**
一斧頭劈下去　混沌遂開闢
百種草嘗遍了　生死頓分明

995. **人間**
人間本無事　只恐春色遲
鬼神來相親　未必冬雪寒

996. **賀廣如**
心胸寬廣　魏默深的知己
儀表嫻雅　古清美之高足

997. **屈原**
製芰荷以為衣　集芙蓉以為裳
懷忠悃而成神　凝憂思而成詩

998. **岳飛**
萬里無雲　黃龍府已成一坏黃土
千古不朽　風波亭畢竟些許微波

999. **打蚊**
咂我的膚　吸我的血　此仇不報非君子
嗡嗡作響　悠悠逼近　一掌畢命真高手

1000.　五寇

伉儷情深　華視舊侶算兩個
名嘴意玄　台大校友合三寇

注：陳水扁說媒體有五寇：李濤、李豔秋、李敖、趙少康、
　　陳文茜。妙哉！

1001.　陸龜蒙

一葉輕舟　茶灶筆床釣具　逍遙江湖
幾首小詩　酒城樵歌漁庵　縱橫詩苑

1002.　俳句

短短三句話　說盡人間情事
微微十七音　描透自然風景

1003.　黛絲姑娘

假如我們認同命運　黛絲姑娘該死
倘若大家相信愛情　德柏薇兒萬歲

注：《黛絲姑娘》是哈代名著，黛絲原姓德柏薇兒。

1004.　林秀貞

安安靜靜　聽我講現代戲劇
窈窈窕窕　看妳是古典佳人